ENCYCLOPÉDIE-RORET.

STÉNOGRAPHIE

NOUVEAU MANUEL COMPLET

DE

TÉNOGRAPHIE

INTRODUCTION

Utilité de la Sténographie.

Abréger les travaux c'est prolonger la vie.

La sténographie a jusqu'ici été définie *l'art d'écrire ussi vite que l'on parle.* Cette définition exclusive et e plus inexacte, en grammaire et en logique, a pu uire à la vulgarisation de son étude et en éloigner ceux qui n'étaient pas attirés vers elle, en d'autres temps, ar l'espoir d'une honorable profession. La sténographie est un système de notes abréviatives qui, entre des mains exercées, peut devenir *six à huit fois plus ra-ide que l'écriture usuelle.* En dehors de sa brillante pplication à la parole oratoire, cet art intéresse donc outes les personnes qui apprécient le temps en raison u bon emploi qu'elles en font.

Il est en effet peu d'hommes qui ne consacrent quel-

MANUELS-RORET.

NOUVEAU MANUEL COMPLET

DE

TÉNOGRAPHIE

OU

ART DE SUIVRE LA PAROLE EN ÉCRIVANT

Par **Hippolyte PRÉVOST**,

crétaire-Rédacteur des Procès-verbaux du Sénat, Ancien chef de la rédaction du compte-rendu officiel du *Moniteur universel*, à la chambre des Pairs et à l'Assemblée nationale législative ; auteur de la *Sténographie musicale*, nouvelle notation rapide, chevalier de la Légion-d'Honneur, etc., etc., etc.

NOUVELLE ÉDITION,

Revue, augmentée et accompagnée de Planches.

PARIS

A LA LIBRAIRIE ENCYCLOPÉDIQUE DE RORET,

RUE HAUTEFEUILLE, 12.

1855.

AVIS.

Le mérite des ouvrages de l'**Encyclopédie-Roret** leu a valu les honneurs de la traduction, de l'imitation et de l contrefaçon. Pour distinguer ce volume, il porte la signatur de l'Editeur.

L'Éditeur de cet ouvrage se réserve le droit de le faire traduire dans toutes les langues. Il poursuivra, en vertu de lois, décrets et traités internationaux, toutes contrefaçons et toutes traductions faites au mépris de ses droits.

Le dépôt légal de cet ouvrage a été fait dans le cours du mois de décembre 1854, et toutes les formalités prescrites par les traités ont été remplies dans les divers États avec lesquels la France a conclu des conventions littéraires.

ques heures par jour soit à prendre des notes ou à
recueillir des extraits, soit à faire des brouillons ou à
conserver des copies de ce qu'ils écrivent ; à l'aide de
la sténographie, cette opération fatigante et toute maté-
rielle se trouve singulièrement simplifiée.

Que de fois, dans la composition, n'a-t-on pas aussi à
déplorer, dans les moments de verve, d'enthousiasme,
de ne pouvoir fixer sur le papier ses idées aussi rapidement qu'elles se présentent à l'esprit ! Que d'inspi-
rations étouffées par la lenteur du mécanisme de l'é-
criture usuelle, véritable boulet que l'imagination est
condamnée à traîner à la remorque !

La chaire, le barreau, les facultés, sont autant de
champs que, dans l'intérêt de tous, la sténographie peut
exploiter chaque jour avec succès.

On n'a pas oublié le rôle dévoué et utile que l'art
abréviateur a joué sous le régime de la publicité libre
des débats parlementaires, surtout par son concours à
la rédaction du compte-rendu officiel des chambres dans
le *Moniteur universel,* inspirée, sauf dans de rares et
regrettables exceptions, par la plus consciencieuse impartialité.

L'auteur de cette notice, se faisant l'écho du monde
politique contemporain, louerait davantage le mérit
de cette œuvre laborieuse, si lui-même ou, sous sa direction et sa responsabilité, d'habiles et loyaux collaborateurs n'en avaient, depuis 1830 jusqu'en 1852, écrit à
la dictée des évènements, les pages émues, savantes
dramatiques, pittoresques et vraies.

L'éclat et l'importance de pareils services, eurent

ur effet d'élever, d'honorer la mission publique des rédacteurs - sténographes officiels (1). Il ne faudrait pourtant pas oublier d'énumérer quelques-uns des cas plus modestes où la pratique de notre art ne mérite pas moins d'encouragements.

L'étudiant des diverses facultés appliquera la sténoaphie à recueillir les parties principales des leçons de ses professeurs, et quelquefois même, s'il le juge convenable, leurs leçons entières, pour travailler chez lui sur des données certaines, et non pas sur des notes confuses dont l'extrême concision compromet l'exactitude et induit souvent en erreur.

L'avocat sténographe saisira textuellement sinon le plaidoyer entier de son adversaire, au moins le développement de ses arguments principaux, pour rendre leur réfutation plus complète : il n'est pas sans intérêt pour lui, dans quelques circonstances, d'avoir, au sortir de l'audience, et sans passer par les lenteurs du greffe, le texte d'un jugement, d'un arrêt.

Le journaliste qui, assistant à une première représentation d'ouvrage dramatique ou à une séance académique, doit en rendre compte le lendemain au public, au lieu du sens de quelques beaux vers, ou d'une noble pensée couverte d'applaudissements, citera littéralement et appuiera par des extraits le jugement qu'il croira devoir exprimer.

Nous laissons à la maligne sagacité de nos lecteurs oins sérieux le soin de pressentir les discrets avantages que peut offrir parfois une écriture secrète.

(1) Voir les documents historiques, à la suite du traité.

Au milieu de l'activité générale des esprits, du besoi
d'instruction en tout genre, et de la nécessité de pro
longer le temps en en diminuant la perte, un cours d
sténographie figurerait utilement dans un bon pro-
gramme d'études classiques. Plusieurs universités d
nord de l'Europe, en Allemagne, en Suède, à l'imita
tion de l'Angleterre, ont des chaires spéciales consa
crées à cet enseignement.

Histoire de la Sténographie.

L'art de suivre la parole en écrivant, n'est pas, comm
on le croit généralement, d'une invention moderne. Le
Grecs pratiquaient, sous le nom de *séméiographie*, un
écriture dont les caractères sont décrits et conservé
par Plutarque. Xénophon, surnommé l'Abeille Attique
fut le premier qui en fit usage pour recueillir la parol
de Socrate.

De la Grèce, cet art passa à Rome ; il y fit de rapide
progrès. Cicéron avait formé plusieurs *notaires* qu'i
distribuait dans les diverses parties du Sénat pour écrir
ses improvisations. C'est à ces preneurs de notes qu
l'on doit la conservation du discours de Caton dans l
conjuration de Catilina. Tyron, l'un des affranchis et
plus tard, des amis de Cicéron, devint très-habil
dans la pratique des *notes*. Malgré les travaux de Sé
nèque le Rhéteur, qui ajouta, dit-on, cinq mille signe
à ceux déjà pratiqués, c'est Tyron qui a attaché so
nom à l'art abréviateur latin ; la sténographie romain
est connue aujourd'hui sous le nom de *notes tyro
niennes*.

Le christianisme qui sut si bien, en se les assimilant, faire tourner à son profit et à sa gloire la virtualité inculte de la barbarie, ainsi que la science que lui léguait l'antiquité, sentit tout le prix de l'art tyronien.

Les *notes*, naguère profanes, furent appliquées à la parole sacrée des premiers pères de l'Eglise, et devinrent, entre les mains des clercs, un instrument puissant de propagation pour la foi nouvelle. Plusieurs manuscrits de notes tyroniennes, datant des premiers siècles de l'ère chrétienne, sont conservés à la Bibliothèque impériale à Paris. M. Fossé, l'un des anciens rédacteurs-sténographes du *Moniteur*, aujourd'hui conseiller d'une des Cours impériales du Midi, a fait sur les notes tyroniennes un travail d'érudition infiniment curieux (1).

Les traces de l'existence de la sténographie se perdent au milieu des ténèbres épaisses du moyen-âge. Nous savons seulement, par le savant abbé Trithèmes, que cette écriture, d'abord acceptée, encouragée par l'Eglise, fut plus tard en butte à ses défenses. Considérée comme œuvre de magie, de nécromancie, elle fut proscrite, et ceux qui la pratiquaient, devinrent plusieurs fois l'objet de sérieuses persécutions.

Les besoins font naître les découvertes. L'Angleterre, la première des nations modernes qui ait pratiqué le gouvernement représentatif, ce gouvernement où la parole est le premier instrument de l'homme d'Etat et le plus puissant moyen d'influence sociale, l'Angleterre vit renaître la sténographie. Plus de cent

(1) Voir la Préface du *Traité de Sténographie* de M. Fossé. — Firmin Didot, 1829.

ouvrages ont été publiés dans ce pays, depuis le XVIe jusqu'à la fin du XVIIIe siècle.

Des cours de sténographie furent successivement établis dans toutes les universités de la Grande-Bretagne ; car on ne tarda pas à s'apercevoir, qu'outre ses applications politiques et judiciaires, la sténographie « *short-hand, main-courte* » présentait aux élèves des facultés, aux avocats, aux théologiens, aux auteurs, etc., des avantages qui en rendaient l'usage général et précieux.

Le chevalier Ramsay, Ecossais, dédia en 1681, à Louis XIV, un ouvrage de sténographie qui n'était que la traduction de celui de Shelton, auteur d'une des meilleures théories anglaises de cette époque.

Quelques autres essais spéculatifs, entre autres la tachygraphie de Coulon de Thévenot, eurent lieu en France avant la révolution ; mais leur insuffisance est malheureusement trop démontrée par ce fait déplorable pour l'histoire de nos premières assemblées législatives : aucun sténographe, digne de ce nom, c'est-à-dire preste, intelligent, instruit et lettré, ne concourut au compte-rendu du drame parlementaire de cette grande époque. Il ne nous reste, dans le *Moniteur*, que les analyses, que le squelette, en quelque sorte, des improvisations des Mirabeau, des Vergniaud, des Maury, des Barnave, etc. Ces précieux fragments font mieux sentir encore l'immensité de notre perte !!!

La théorie anglaise de Taylor fut, en 1791, adaptée à la langue française par Th. P. Bertin ; la différence de mécanisme entre ces deux langues rendit cette importation moins heureuse que ne l'espérait son auteur,

Du temps de l'Empire, dont le système glorieux, au ilieu de nos luttes de géant contre l'Europe coalisée, accommodait mal des exigences bruyantes d'une parole discrète, la sténographie s'éclipsa pour reparaître ientôt avec la Restauration, plus favorable à ses pro- ès. Les formes parlementaires, consacrées par la arte de 1814, firent sentir à la presse périodique ute l'utilité de cet actif auxiliaire. La constitution de 30 lui fournit, par l'essor de la publicité politique, es occasions de se signaler avec plus d'éclat, et de mé- ter pour les agents du compte-rendu officiel du *Mo- iteur*, la faveur d'être élevés au rang de fonction- ires publics.

La sténographie pâtit aujourd'hui des excès qui, dans s derniers temps, ont déshonoré la tribune française t fait accepter avec joie et reconnaissance l'acte héroï- ue qui a eu pour conséquence d'en modérer les dan- ereuses excitations. « La liberté n'a jamais aidé à fon- der d'édifice politique durable; elle le couronne quand le temps l'a consolidé (1). »

Examen critique des principales théories sténographiques.

Une bonne écriture sténographique doit joindre, au érite d'une exécution qui puisse rivaliser de rapidité vec la parole oratoire, celui d'une traduction facile.

Tel était le double but que devaient se proposer ceux ui s'occupaient de la théorie de cet art. On dirait, en

_____
(1) Discours de l'Empereur à l'ouverture de la session de 1855.

consultant les ouvrages publiés jusqu'ici, que, reco
naissant d'avance l'impossibilité de réunir ces deux q
lités, leurs auteurs se sont appliqués à en perfection
une, en négligeant entièrement l'autre. Ceux-ci
sacrifié la lisibilité à la rapidité, vice ; ceux-là, la ra
dité à la lisibilité, vice plus grand encore, car la repr
duction de la parole de l'orateur est l'application esse
tielle de la sténographie.

Pour écrire utilement un traité de sténographie,
devrait : 1° avoir préalablement pratiqué un systè
quelconque, afin de connaitre les difficultés à vaincre,
2° avoir soigneusement étudié toute cette partie de
grammaire générale qui s'occupe de la composition d
mots, de leur mécanisme, du jeu des lettres et de leu
relations entre elles. Ces deux conditions semblent indi
pensables pour embrasser tous les éléments de la que
tion.

Les praticiens habiles ont en général négligé ou d'
daigné la théorie et trop souvent même les théoricien
Quand ils ont écrit, ce qui est très-rare, ils ont o
fert au public le fruit d'une pratique empirique, c'es
à-dire des procédés particuliers, dont le défaut de lie
logique rend la démonstration presque impossibl
Leurs systèmes ne peuvent en général supporter un
analyse un peu sévère (1).

Des savants, des grammairiens, se sont aussi montré

---

(1) Un de nos anciens collègues du *Moniteur* compte des myriad
de signes ou combinaisons arbitraires qu'il est parvenu, dans le cou
d'une vingtaine d'années de pratique, à classer dans sa mémoire. L'ac
cessoire est ici le principal.

jaloux de ne pas rester étrangers aux progrès de l'art abréviateur. Leurs théories sont, d'ordinaire, régulièrement divisées ; les éléments des mots y sont méthodiquement exposés ; mais ces auteurs ont presque tous échoué dans le choix et la combinaison des signes. Conçues avant la pratique, ces théories lui ont presque toujours résisté quand on a voulu leur en faire subir l'épreuve décisive. Nous ne craignons pas d'être démenti en disant que sur une douzaine de ces théoriciens improvisés qui ont publié des traités depuis 1815, il n'en est *pas un seul* qui se soit montré capable de prouver, par son habileté personnelle, l'excellence de la théorie proposée. Ce fait explique le peu de crédit dont cette classe d'auteurs jouit auprès des praticiens.

Après avoir indiqué d'une manière sommaire les vices des systèmes publiés en France jusqu'à ce jour, essayons de justifier notre critique générale en nous livrant à un examen rapide des méthodes accréditées par le nom de leurs auteurs ou par l'habileté de quelques praticiens connus. Nous passerons sous silence les ouvrages qui ne sont que d'indigestes plagiats ou de pures spéculations de librairie.

Les théories antérieures à la *Tachygraphie* de Coulon de Thévenot, ainsi que la *Méthode de Mitchell*, et le *Parfait Alphabet* du curé de Saint-Laurent, qui en sont contemporains, n'ont laissé aucune trace dans la pratique de l'art.

La première édition de la *Tachygraphie* remonte à 1777. Les voyelles et les consonnes y sont exactement

reproduites par des signes de convention ; mais la proli
xité de ces signes, augmentée par le défaut de liaison des
syllabes, rend cette écriture impropre à suivre la parole.
Par le défaut qu'elle a fait en présence des assemblées
délibérantes de notre première révolution, elle est
jugée sans appel et mise hors de cause.

Cependant un homme intelligent, ancien rédacteu
sténographe du *Moniteur*, et qui, comme membre d
gouvernement provisoire et ministre de l'agriculture e
du commerce, a appelé sur lui l'attention politique aprè
1848, M. Flocon, tirait, il y a peu d'années encore, bo
parti de la tachygraphie, après l'avoir sans doute modi
fiée pour son usage personnel.

La fille de l'inventeur, mademoiselle Coulon de Thé
venot, l'a aussi pratiquée, dit-on, avec dextérité.

C'est quelques années après la publication de la ta
chygraphie, que Bertin traduisit et adapta à la langu
française le système de Taylor, fort accrédité en Angle
terre. Il consiste dans la privation absolue des voyelle
au commencement et au milieu des mots ; elles peuven
seulement être exprimées à la fin d'une manière distincte. Les signes de Taylor sont très-simples, leu
liaison est facile. Aussi ce système, sous le rapport de
la lisibilité, moins sûr que la tachygraphie, lui est in-
contestablement supérieur sous celui de la rapidité. Il a
produit quelques praticiens, parmi lesquels M. Breton,
notre respectable et spirituel doyen d'âge, a longtemps
tenu le premier rang.

Il est vrai que le défaut de voyelles initiales et médiales peut causer aux élèves de ce système d'assez

aves erreurs : ils peuvent lire, par exemple, les signes
rrespondants à *k, n, t, r*, des diverses manières sui-
ntes : *contre, contour, comptoir, conteur, connaître*,
tc.; ceux-ci : *f, k, son, affection, vocation*, ou *évoca-
ion*, etc.; ceux-là, *m, n, t, r, montre, mentir, men-
eur, moniteur*, etc. Il est rare cependant que la sa-
cité des praticiens ne détruise pas ces vices de la
'thode.

La différence entre le mécanisme de la langue fran-
ise et celui de la langue anglaise explique, avons-nous
éjà dit, celle du succès que le même système a obtenu
ans ses applications à ces deux langues.

Malgré ses inconvénients, cette théorie offrant deux
ois plus de rapidité que la tachygraphie, doit lui être
référée, parce qu'elle permet d'atteindre le but, c'est-à-
e de suivre la parole, et qu'ensuite l'habitude et l'in-
elligence peuvent venir à bout de la difficulté de tra-
action, tandis que la première ne sera jamais applica-
le que comme écriture particulière, à cause de l'insuf-
sance de la rapidité.

Frappé des défauts de ces deux théories, M. Conen
e Prépéan crut pouvoir y remédier et réunir la lisibi-
té de la première à la rapidité de la seconde. Dans six
'ditions successives, il a poursuivi une idée ingénieuse
laquelle il a fait successivement subir des améliora-
ions. D'après ce système, les caractères sont liés comme
ans celui de Taylor ; les voyelles et les consonnes, ou
our parler plus logiquement, les *sons* et les *articulations*, se trouvent exactement exprimés ; mais ces deux
éléments des mots étant fort nombreux, et les signes sim-

ples propres à la sténographie l'étant très-peu, l'auteu
a été obligé, pour multiplier les signes, de leur faire su
bir de nombreuses modifications dans la dimension. Il e
résulte qu'un même caractère, suivant sa longueur,
change trois fois de signification. C'est là un vice capital,
qui détruit, en grande partie, tout ce qu'avait d'heureu
pour l'art l'idée d'exprimer fidèlement les voyelles e
les consonnes, sans lever la plume à chaque syllabe
Une autre faute à reprocher à cet auteur, c'est l'emplo
de signes sécants qui ne peuvent être exécutés qu'e
revenant, après avoir écrit le mot, sur la lettre à cou-
per : double mouvement très-nuisible à la rapidité.

Néanmoins, en renonçant à la partie de ce système
qui offre les inconvénients que nous venons de signaler, ou en l'amendant par des moyens particuliers, quel
ques personnes l'ont appliqué avec succès. Nous ne
croyons pas cependant que M. de Prépéan ait eu, `
l'exception de M. Gustave de Linage, d'élèves *pur*
d'une grande habileté; mais parmi ses élèves *modifi-
cateurs*, M. Auguste Delsart est celui qui a acquis le
plus de réputation. Il a, pendant près de vingt-cinq
ans, habilement concouru à la rédaction du compte-
rendu du *Moniteur* à la chambre des députés, en même
temps qu'il remplissait successivement au cabinet de
Charles X et auprès de Louis-Philippe, les fonctions de
secrétaire aux audiences et cérémonies royales.

Ainsi l'art sténographique sérieux était représenté
par l'école de Taylor et par celle de M. Conen de Prépéan, quand, en 1827, nous avons commencé nos travaux.

Un *mezzo termine*, une espèce d'éclectisme sténographique était la route qui nous était indiquée par l'expérience pour éviter les écueils contre lesquels s'étaient
brisés nos prédécesseurs. Rendre lisible le système de
Taylor était d'abord l'unique but que nous nous étions
proposé. Nous l'avons obtenu en ajoutant aux caractères
e Taylor, que nous avons adoptés, des signes repré-
entant quelques-unes des syllabes les plus fréquentes
u milieu des mots, et en indiquant, sans lever la
lume, la division des syllabes. Nous avons déduit d'une
bservation attentive du mécanisme des mots, un sys-
ème complet d'initiales et de finales, dont les signes,
éthodiquement combinés, sont faciles à retenir et à
xécuter. La suppression par incompatibilité de quel-
ues-unes des lettres les plus fréquentes, est un prin-
pe neuf et heureux que l'avenir fécondera.

Quelle conclusion tirer de cette critique comparée ?
'est que deux ou trois systèmes se sont recommandés
ar la pratique, et que seuls ils ont mérité plus ou
oins la confiance des personnes qui voulaient se livrer
l'étude sténographique.

Aujourd'hui, les écoles d'abréviation dont nous ve-
ons d'esquisser l'histoire ont à peu près disparu ; leurs
hefs ou leurs adeptes les plus habiles ne sont plus là
our les protéger de leurs talents. Notre théorie est
estée maîtresse du champ de bataille, après plus de
ingt ans de luttes généreuses où, à la tête de vail-
nts élèves, aux Chambres, au Palais et dans les cours
es facultés, nous l'avons assouplie à toutes les savan-

tes et ingénieuses exigences de la parole judiciaire, politique et universitaire.

Nous nous efforcerons de concilier à notre livre la
continuation de la faveur dont il jouit depuis ving
ans, en le tenant soigneusement au courant des per-
fectionnements qui seront à l'avenir, et sous notre ins-
piration, introduits dans la pratique par nos meilleur:
élèves, et plus particulièrement par mon fils, le dépo-
sitaire intime et dévoué des traditions et des aspiration
de l'école.

PREMIÈRE PARTIE.

CARACTÈRES STÉNOGRAPHIQUES.

CHAPITRE Ier.

Manière de les tracer (1).

Les caractères sténographiques se divisent en cinq classes :

Les lignes droites,

Les courbes ou demi-cercles,

Les lignes droites bouclées,

Les courbes bouclées,

Et les lignes à crochets.

1. *Des droites.*

La ligne droite forme cinq lettres, suivant sa direction, savoir :

L'oblique *d*, qui se trace de haut en bas, et de droite à gauche ;

L'oblique *r*, qui est la même que la précédente, tracée de bas en haut (2) ;

---

(1) Pour mieux entendre ce chapitre, on doit avoir sous les yeux l'alphabet (Pl. I).

(2) On verra dans le chapitre du Paradigme, qu'il est impossible, à cause de la liaison du caractère qui suit l'une de ces deux consonnes, de confondre l'*r* avec le *d*, malgré leur apparente identité.

L'oblique *f* ou *v*, qui se trace de haut en bas et de gauche à droite ;

L'horizontale *s*, qui se tire de gauche à droite ;

Et la verticale *t*, de haut en bas.

2. *Des courbes ou demi-cercles.*

Le cercle coupé par une ligne verticale forme deux demi-cercles :

Celui qui est à gauche de la sécante représente le *ch*,

Et celui qui est à droite le *g* ou *j*.

Ces deux demi-cercles se tracent de haut en bas.

Coupé par une horizontale, le cercle fournit deux nouveaux caractères :

Le demi-cercle supérieur à la sécante représente le *k* ou le *q*,

Et le demi-cercle inférieur l'*n*.

Ces deux demi-cercles se contournent de gauche à droite.

3. *Des droites bouclées.*

La ligne droite bouclée a fourni cinq nouveaux caractères :

De l'oblique *d*, bouclée à gauche, est résulté le *b ;*

De l'oblique *r*, bouclée à droite, l'*l ;*

De l'oblique *f* ou *v*, bouclée à droite, l'*h ;*

De l'horizontale *s*, bouclée au-dessous, l'*m ;*

De la verticale *t*, bouclée à droite, le *p*.

4. *Des courbes bouclées.*

La ligne courbe nous a fourni quatre autres signes :

Le *ch*, bouclé en dedans et à l'extrémité supérieure, a produit le *gn ;*

Le *g*, modifié de la même manière, la syllabe *con, cons* (1).

En bouclant en dedans le *k* ou *q*, on a formé les syllabes *lan, len, lin, lon, lun, loin*, etc.

La même modification apportée à l'*n*, a donné les syllabes *ran, ren, rin, ron, run, roin*, etc.

Règle applicable aux lettres de la 3e *et de la* 4e *classe.*

Toutes les lignes droites ou courbes bouclées se commencent par la boucle. *On a la faculté de tourner cette boucle de la manière la plus commode pour les liaisons,* c'est-à-dire de la placer à gauche ou à droite dans les figures bouclées à lignes droites, verticales ou obliques, telles que *b, h, l, p,* et dans les figures courbes bouclées coupées par une horizontale, telles que *ran* et *lan ;* et de la mettre au-dessus ou au-dessous dans la figure horizontale *m*, et les courbes bouclées coupées par une verticale, telles que *gn* et *con*. Mais au commencement des mots, on doit toujours *conserver à la*

(1) *Cons*, formant une seule syllabe, comme dans *constellation, conspiration ;* dans *consé*quence, *consentement*, il faut écrire l'*s* après le signe *con*.

boucle la position qui lui est assignée dans l'alpha-
bet (1).

5.   *Des lignes à crochet.*

Les lignes droites à crochet représentant *x*, *y* et *on*,
se commencent par le crochet.

Observation générale sur l'alphabet.

En face de chacun des caractères de l'alphabet, sont
placés des petits mots d'un usage habituel et commun;
qui, par abréviation, seront figurés par ces seuls caractères.

CHAPITRE II.

Proportion des signes.

On doit conserver autant que possible, pour la régu-
larité de l'écriture, entre les dimensions des divers
caractères, un rapport qui en facilite aussi la traduction;
ce rapport est d'un à deux tiers : c'est-à-dire qu'on doit
donner aux lignes droites simples, bouclées et à crochet, un tiers de longueur de plus qu'au diamètre des
signes formés par les courbes simples, bouclées et à
crochet; ce qui fait, en définitive, que la dimension de
la courbe des demi-cercles équivaut à celle des lignes
droites.

---

(1) On verra, au chapitre des initiales-consonnes, pour quelle raison,
au commencement des mots, on ne peut changer la position de la boucle.
Ce revirement de boucle aux simples signes a suffi à la formation de signes nouveaux pour ces initiales.

CHAPITRE III.

Moyens rationnels ou mnémoniques d'apprendre les caractères de l'alphabet.

L'affectation du signe à la lettre n'a pas été arbitraire ; elle a été généralement basée sur deux principes, à savoir : 1° que la facilité du tracé du signe fût en raison directe de fréquence de la lettre ou de la syllabe ; 2° qu'il y eût une certaine analogie entre les signes représentatifs des *lettres similaires*.

Les lettres similaires forment un certain nombre de couples ; les lettres de chacun de ces couples ne se distinguent entre elles que par le plus ou moins de force qu'exige leur articulation. Par exemple :

p est la forte de *b*
t - de *d*
k de *gu*, *g* dur.
ch de *j*, *g* (*ge*, *gi*).

Les deux lettres *t* et *p* sont représentées l'une et l'autre par une ligne droite dans la direction verticale : les signes de ces deux *fortes* ne diffèrent qu'en ce que le *t* est bouclé à sa naissance.

Comme dans la rapidité, ces lignes droites verticales peuvent être entraînées dans la direction de droite à gauche, cette direction représente les *faibles* relatives *d* et *b* ; le *b*, comme sa forte *p*, est bouclé.

Ainsi la ligne droite verticale rappelle toujours une

forte, et la ligne de droite à gauche une faible. Il rest
seulement à retenir que le couple *p*, *b* se différencie d
couple *t*, *d* par l'addition de la boucle.

Cette addition qui ralentit l'exécution n'est pas da
vantage une affaire de fantaisie ; la boucle affecte tou
jours les lettres moins nombreuses. En effet, elle pr'
cède ici le couple *p*, *b*, et non pas le couple *t*,
Pourquoi? parce que, sur 100,000 lettres, le premie
couple ne s'y rencontre que 6,000 fois, tandis que l
couple *t*, *d*, y figure 8,500 fois.

Les lettres *r* et *l* sont aussi très-fréquentes. On a
pelle ces lettres *liquides*, parce que, dans certains cas
elles ont la propriété de se *liquéfier*, si je puis m'expri
mer ainsi, de se fondre, de s'absorber dans la consonn
qui précède, et de former avec elle une seule et mêm
articulation ; exemple : *pr*, *fl*, *cr*, *gl*, etc.

Cette propriété de liquidité que présentent *exclusi*
vement les lettres *r* et *l*, explique leur plus grande fré
quence dans la langue, ce caractère de liquidité n'em
pêchant pas d'ailleurs qu'elles ne puissent, comme tou
tes les autres consonnes, se trouver au commencemer
et à la fin des syllabes : *r*ame, *l*aitage, se*l*, me*r*.

La liquide *r* revient plus souvent que la liquide *l* ; l'
peut en effet se marier avec 8 consonnes, tandis q
l'*l* n'a cette propriété qu'avec 5 ; exemple :

pr — *br*		*pl* — *bl*	
fr — *vr*		*fl* — ...	
cr — *gr*		*cl* — *gl*	
tr — *dr*		...	...

C'est pourquoi l'*l*, à cause de la boucle, se trouve
être la moins rapide des deux lignes ascendantes con-
acrées aux liquides.

Nous avons considéré comme éléments des mots,
et compris dans les signes de notre alphabet élémen-
aire, les syllabes *lan* et *ran*, parce que ces syllabes
commençant par les liquides *l* et *r*, ont, comme ces liquides, la propriété d'être *cramponnées*, que l'on nous
passe ce mot qui exprime parfaitement le rôle passif
de ces lettres dans le mécanisme du langage, d'être
cramponnées, disons-nous, par une consonne précé-
te et de former avec elle une seule et même syllabe,
omme p*lan* et p*ran*. Ainsi, ces syllabes complexes se
ouvent réduites à deux signes, *p* et *lan*, *p* et *ran* au
de trois, *p l n*, *p r n*, qui auraient été nécessaires.
Pour établir de l'analogie entre *ran*, *lan*, et *r*, *l*, nous
rions désiré pouvoir donner à ces syllabes des si-
ascendants ; mais dans l'impossibilité d'en trou-
r de bien distincts, nous avons choisi sur les quatre
mi-cercles bouclés les deux qui reposent sur une base
rizontale. S'ils n'ont pas l'avantage de monter comme
us aurions voulu l'obtenir, ils n'ont pas du moins
nconvénient d'entraîner par en bas le monogramme,
est-à-dire l'ensemble de la figure, et de détruire par
l'horizontalité de la ligne d'écriture.

Ran, commençant par *r*, la plus fréquente des deux
uides, doit donc être, et, est en réalité, plus com-
une que *lan* ; aussi son signe est-il tiré du demi-
cle inférieur qui nous a semblé le plus facile.

Comme moyen mnémonique, on pourra encore remar-

quer que, dans l'alphabet, il n'y a que deux lettres dou
bles, le *ch* et le *gn*, et qu'elles sont représentées toutes
les deux par le même signe. Le *gn,* moins usuel que
ch, prend la boucle.

Le *g* est la faible du *ch;* quel rapport y a-t-il entre
forte et faible ? Un rapport d'opposition. Le signe de *g*
est l'inverse de celui de *ch*.

F et *h*, lettres assez rares, ont des signes dans la di
rection la moins facile, celle de gauche à droite. Il es
évident que l'aggravation de la boucle devait porte
sur l'*h*.

Les caractères d'*x* et d'*y* s'appelleront *signes de re
but*, parce que leurs crochets, par une erreur facil
dans la précipitation du tracé graphique, étant sus
ceptibles d'être agrandis démesurément, ces lettre
peuvent être confondues, l'*x* avec un *ch* suivi d'un *s*, e
l'*y* avec *ch* suivi d'un *r*. Ces signes imparfaits ne nou
ont servi qu'à exprimer deux lettres assez rares. Pou
distinguer ces deux caractères l'un de l'autre, l'on r
marquera que le signe de l'*s* sténographique domi
dans celui de l'*x*, comme en effet le son de l'*s* domi
dans la prononciation de l'*x;* exemple : *axe, ak Se.*

Il nous a semblé utile de communiquer ces divers
raisons d'être de chacun des caractères de l'alphab
sténographique, afin que l'intelligence mise au secou
de la mémoire, rendît moins laborieuse l'opération
cette dernière faculté.

Il ne reste plus maintenant à retenir, à l'aide du so
venir livré à ses propres forces, que quatre ou ci
caractères qui, d'ailleurs, se trouvent toujours ré

ar le principe établi dans le cours de ce chapitre, à avoir l'appropriation commode du signe à la lettre, en aison de la fréquence du rôle que joue celle-ci dans a composition générale des mots de la langue (1).

CHAPITRE IV.

Paradigme de la manière d'unir les caractères.

C'est une règle générale en sténographie, de ne jamais lever la plume que le mot ne soit fini, si ce n'est pour tracer les points et les petits demi-cercles ou virgules représentant certaines initiales et terminaisons dont nous nous occuperons plus tard. L'expérience a démontré que le temps perdu à lever la plume, pour passer d'un signe à un autre dans le même mot, équivalait à celui qui serait nécessaire pour tracer un signe nouveau.

Par l'étude et l'imitation plusieurs fois répétée de ce tableau, l'on s'accoutumera à pratiquer facilement la liaison d'ailleurs facile des caractères sténographiques.

Il serait difficile de concevoir une planche plus utile et plus simple que celle du paradigme. Cette table, faite sur le modèle de celle de Pythagore, est, comme celle-ci, formée de deux colonnes, l'une horizontale, placée en haut du tableau, et l'autre verticale à gauche. Toutes deux comprennent dans le même ordre tous les signes de l'alphabet.

---

(1) L'*m* représenté comme l'*s* par une ligne horizontale est affecté de la boucle, parce qu'il est moins fréquent que l'*s*.

Pour trouver, par le moyen de cette table, la liaiso de deux caractères, on cherche le premier dans la co lonne horizontale placée au haut du tableau, et l'o descend verticalement, jusqu'à ce que l'on soit vis-à-vi du second dans la colonne verticale à gauche ; à la cas formée par l'intersection des colonnes, se trouve la réu nion cherchée.

CHAPITRE V.

Des lettres doubles.

Quand deux mêmes consonnes sont réunies ensemble dans le même mot, on n'en exprime qu'une, alors même que l'articulation des deux consonnes se fait sentir. Exemple : *consonne, consone, femme, feme, l'attitude, l'atitude, l'appellation, l'apelation.*

Si ces deux mêmes consonnes, par suite de la sup-pression des voyelles médiales, ainsi qu'il sera dit plus tard, sont séparées par une voyelle ou par une di-phthongue, et si la seconde ne forme pas une finale, on doit les exprimer toutes deux. La manière est de dou-bler la longueur des lignes droites, la grandeur des demi-cercles bouclés ou non bouclés, et seulement la circonférence des boucles des lignes droites bouclées, sans altérer la longueur de la ligne droite ; exemple, *même, entêtement.* Si trois mêmes consonnes se rencon-trent ainsi séparées, ce qui est bien rare, on triplera la forme du signe. Exemple : *mêmement, saisisant* (1).

(1) Pour bien comprendre la règle du redoublement des consonnes, il faut consulter le paradigme aux cases renfermant les doubles consonnes.

Il y a une exception à faire pour l'*n :* on ne double la largeur de cette lettre que lorsque les deux *n* ne forment qu'une seule et même syllabe ; si elles en forment deux, il faut répéter le signe ; on lie alors ces deux caractères de la manière la plus naturelle, c'est-à-dire que le premier jambage du dernier est attaché au dernier jambage du premier. Exemple : *nantes, ninives.*

On répète aussi deux fois les caractères à crochets *, y* et *on* (1).

CHAPITRE VI.

Observations préliminaires et règles générales.

Il est de règle générale que dans ce système sténographique on supprimera 1º les voyelles médiales, 2º *l'une e deux mêmes consonnes* se suivant sans séparation de voyelle ou de syllabe (2), ainsi 3º que toutes les lettres u syllabes superflues. N'ayant aucun égard à l'orthographe, on ne conserve aux mots que les lettres indispensables à la formation des sons ou même à la constatation de leur identité. On supprime, par exemple, la troisième personne du pluriel des verbes finissant en *ent* et *net.* Ces trois lettres ont le son de l'*e* muet, toujours supprimé. Exemple : mêl*ent*, mêle; répétai*ent*, répéta*it.* Il en est de même de l'*s* du pluriel des substantifs et s adjectifs; exemple : *f*emme*s*, femme; *f*utile*s*, futile;

(1) Voir également au paradigme.

(2) Voir au chapitre des *lettres doubles.* Ex. : consonne, consone ; *m*me, *l*om.

Du *t* dans les finales *ent, ant;* ex. : pré**sent**, pré
sen, con**stant**, constan ;

Du *ct* dans certains cas ; ex. : instin**ct**, instin, dis
tin**ct**, distin ;

Du *b* et du *p* ; ex. : absor**p**tion, absortion pré**c**epte
précète ;

De l'*s* après les nasales ; ex. : tran**s**mettre, tranmet
tre ; tran**s**portant, tranportant, etc.

En un mot, on fait ces suppressions dans mille au
tres cas qu'il est inutile et qu'il serait trop long d
citer. Ne posant aucune règle fixe sur leur usage, nou
laissons à la sagacité de ceux qui étudieront notre mé
thode, la faculté d'étendre ce principe à tous les cas o
un bénéfice de rapidité ne sera point obtenu aux dépe
de la lisibilité.

CHAPITRE VII.

Règles spéciales.

Ayant déjà posé en principe qu'en sténographie
ne doit avoir aucun. égard à l'orthographe, et que
peinture du son, s'il est permis de s'exprimer ains
est l'unique but que cet art doit se proposer, on se
déjà, sans avoir besoin de le dire, comment on doit
diriger dans bien des cas.

1. Ainsi, il serait presque inutile d'observer que
c est remplacé par le *k* et l'*s*, suivant sa consonnan
avec ces deux lettres. Ex. : *canon, cède; kanon, sèd*

2. Que le *t* ayant le son de l'*s* prend le signe de ce

ernière lettre. Ex. : atten*t*ion, essen*t*iel ; at*t*ension, es-
en*s*iel ;

3. Que *ph* est représenté par le signe de l'*f*. Ex. :
*h*ilosophe, *f*iloso*f*e ;

4. Que le signe de l'*x* représente le *cc* et le *ct* for-
ant une articulation identique ou analogue avec cette
ettre. Ex. : accès, action. a*x*ès, a*x*ion ;

5. Que l'*y*, lorsqu'il a le son de l'*i*, subit la loi com-
une à toutes les voyelles, par conséquent se supprime
u milieu des mots. Ex. : my*s*tère, m*i*stère.

6. Que le *z* est remplacé par l'*s*. Ex. : gazelle, *Zé*-
obie ; ga*s*elle, *Sé*nobie.

7. Que le *ch* ayant le son du *k*, est remplacé par cette
ettre. Ex. : *ch*ronologie, *ch*rétien ; *k*ronologie, *k*ré-
ien.

8. Que l'*h*, soit aspirée, soit muette, ne se traduit
`amais. Ex. : *h*omme, *h*éros ; ome, éro.

Il est tout naturel, sténographiquement parlant, de
gurer à nos yeux, par les mêmes signes, des sons les
êmes à nos oreilles, quoique représentés différem-
ent dans l'écriture usuelle, d'après les règles de
'orthographe, dont la sténographie ne tient aucun
ompte.

Néanmoins, voici deux cas où l'on confondra dans
n même signe des sons qui n'ont entre eux que de
'analogie.

9. *ll* mouillés et *li* suivis d'une voyelle, ayant dans
a prononciation beaucoup de rapports avec le son de
'*y*, seront figurés par le signe de cette consonne.

x. : trei*ll*age, mi*li*on, *li*eu ; tre*y*age, mi*y*on, *y*eu.

10. Justifions, à cette occasion, la présence du signe de l'*y* dans un alphabet de consonnes, en faisant remarquer que cette lettre, voyelle dans *mystère*, est souvent une véritable consonne, lorsqu'elle régit la voyelle qui la suit : *crayon, noyau*. C'est là, en effet, un des attributs distinctifs de la consonne, en général, de régir de dominer une syllabe en absorbant la voyelle ou l'élément sonore qui la suit. Or, l'*y* comme l'*s* ou le *p* a cette propriété. *Pa, pe, pi, po, pu ; sa, se, si, so, su ; ya, ye, yi, yo, yu*. La nature amphibie, voyelle et consonne, de l'*y*, est donc parfaitement établie : *rayon, mystifier*.

11. *ni*, suivi d'une voyelle, a le son liquide et approchant du *gn ;* dans ce cas, *ni* se représentera par le signe du *gn ;* exemple, inconvén*i*ent, réun*i*on, n*i*ant ; inconvé*gn*ant, réu*gn*on, *gn*an.

12. Dans un système privé de voyelles médiales, il y avait une grande difficulté à exprimer d'une manière satisfaisante le choc de deux voyelles appartenant à deux syllabes différentes. Entre ces deux voyelles, nous supposons un *h*, une consonne aspiratoire ; *néant, nuage*, s'écriront né-*h*an, nu-*h*age. La consonne *h*, comme toutes les autres consonnes, régit la seconde voyelle (1). Exemple 1er, *pl.* II.

13. Les syllabes *on* et *con* s'emploient lorsqu'elles *s'entendent*, c'est-à-dire quand, au commencement et

----

(1) On pourra faire quelques exceptions à cette règle, si la supposition de l'*h* n'est pas absolument nécessaire pour la lecture, comme dans *réélection, réintégration*, qu'on peut écrire *rélection, rintégration*, etc. Ce n'est que pour marquer par une consonne aspiratoire ces *hiatus*, que nous servira le signe de l'*h* dont l'existence en sténographie pouvait d'abord ne paraître pas bien utile.

au milieu des mots, elles sont suivies d'une consonne. Cette condition n'est pas nécessaire lorsqu'elles forment des monosyllabes ou qu'elles se rencontrent à la fin des mots.

Pourquoi au commencement et au milieu exige-t-on que ces syllabes soient suivies d'une consonne ? C'est que si elles étaient suivies d'une voyelle, *on* et *con* auraient cessé d'exister. En effet, la consonne *n* qui les termine, régissant alors la voyelle suivante, il ne resterait plus que *o* et *co*, qui ont des signes représentatifs différents. Ainsi, dans *onéreux*, *connaître*, on n'entend plus que *o* et *co*, le *n* formant dans le premier mot la syllabe *né*, et dans le second la syllabe *nai*. Exemple 2.

14. Les syllabes *ran* et *lan* ont trouvé place dans notre alphabet plutôt que *pan*, *san*, *tan*, etc., parce qu'elles peuvent entrer comme liquides dans la composition des mots. Elles ne seront donc employées que lorsque, liquides, elles se fondront dans une consonne précédente, pour former avec elle une seule et même yllabe.

Les signes de *ran* et de *lan* seront cependant appliués au commencement des mots, lorsque ces syllabes 'entendront, c'est-à-dire lorsqu'elles seront suivies 'une consonne ; au commencement des mots cette xception ne peut avoir des inconvénients, car une liuide ne peut jamais être supposée commencer un ot.

Ainsi, excepté au commencement des mots, la liquiité est indispensable pour donner lieu à l'emploi des ignes *lan* et *ran*. Dans les mots par*lant*, mê*lant*, pa-

rent, tyran, dérangement. etc., on ne se sert pas du *lan* et du *ran;* on écrit ces syllabes par les deux consonnes qui entrent dans leur composition, c'est-à-dire *ln* et *rn* en se conformant à la règle 16 ci-dessous. Exemple 3.

La règle relative à *lan* et *ran* est, on le verra plus tard, d'une très-grande importance. Comme elle présente peut-être, à une première lecture, quelques difficultés, nous conseillons d'y revenir plusieurs fois et de ne l'abandonner que lorsqu'elle aura été parfaitement conçue.

15. Quand *l* et *r* seront liquides, c'est-à-dire précédés *immédiatement* d'une consonne formant avec eux une articulation complexe, comme dans *cl, pl* et *pr*, on fera sentir la liquidité de l'*l* et de l'*r* en diminuant de moitié la dimension de leurs signes. Exemple 4.

Par abréviation, on peut, dès à présent, retranche le petit *l* dans la syllabe *ble*, placée à la fin des mots On écrira *raisonnab, sensib*, pour *raisonnable, sensible*

15. *C* fort ou *k, n* et *s* se diminuent de la moitié d leur dimension lorsqu'ils terminent une syllabe. Cett diminution indiquera que, dans la lecture, la lettre di minuée ne forme qu'une seule et même syllabe avec l consonne qui la précède, et qu'on ne doit laisser aucu intervalle syllabique entre elle et la consonne qui l suit. En effet, la diminution d'une lettre indiquan qu'elle termine une syllabe, il s'ensuit que la con sonne suivante doit commencer une nouvelle syllabe Exemple 5.

M à la fin d'une syllabe ayant le même son que l'*n*, ra remplacé par cette lettre et recevra l'application de règle ci-dessus. Exemple 6.

M à la fin des mots suffira pour exprimer par abréation la finale abverbiale *ment*.

Par extension de la règle 5, l'*s* se diminue encore de oitié quand, au commencement d'un mot, il est suivi médiatement d'une consonne. On suppose que les ots de cette catégorie, tels que *spectre*, *statue*, *spasme*, prononcent à la gasconne ou plutôt à l'espagnole, *es-ectre*, *estatue*, *espasme*. Exemple 7.

On pourra également diminuer d'autres consonnes our indiquer qu'elles terminent une syllabe. Exemple 8.

Remarques sur les règles 15 *et* 16. — Les règles 15 t 16 ont pour objet principal d'établir la division des yllabes et de faciliter ainsi la lecture. La diminution ontre dans les deux cas que la lettre diminuée fait artie de la syllabe commencée par la consonne qui récède ; il y a cette seule différence que *l* et *r* diminués ppartiennent à la consonne précédente d'une manière mmédiate, par juxta-position et liquidité, et que la oyelle à restituer vient après : pra, tri, plo, etc.; tan-is que, dans le second cas, la voyelle se trouve entre a première consonne et *k*, *n*, *s* diminués, pas, sen-is, etc.

CHAPITRE VIII.

Règles de probabilité de lecture.

L'on supprime indistinctement toutes les voyell
médiales. Dès lors, il est impossible de présenter d
règles fixes et invariables, pour rétablir avec certitud
dans la lecture, celles des voyelles que l'on a omises e
écrivant. Cependant la pratique de nos devanciers
notre propre expérience ont conduit à *des règles de pr
babilité* qu'à ce titre nous communiquons à ceux q
étudient cette théorie.

Si, avec leur secours, on ne peut parvenir à la vrai
traduction d'un mot, on aura soin de supposer un
fermé entre chaque consonne ; ainsi, les consonne
s'épelleront *mé, ré, sé,* et non pas *me, re, se,* ni *emme
erre, esse.* Ce dernier moyen vient d'ordinaire à bou
de toutes les difficultés.

b sténographique final se lit *able ;* exemple 9; pré
cédé d'un *s* ou d'un *t,* il se lit *ible ;* exemple 10.

d final, *ade ;* exemple 11.

v final, précédé d'un *s* ou d'un *t, ive ;* exemple 12.

g final, *age ;* exemple 13.

k final, *ique ;* exemple 14.

km au commencement et au milieu des mots, *come*
exemple 15.

km final, *iquement ;* exemple 16.

ss, sis, sus ; exemple 17.

tt, titu ; exemple 18.

td, tude ; exemple 19.

h est ordinairement précédé d'*u* ; exemple 20.

Il est quelques autres règles fondées sur une moin-
e probabilité : *kl* signifie *cole*; ex. : *coli*que, *coll*ant.

CHAPITRE IX.

Le, la, les.

Le, la, les (article ou pronom) se représentent par un
' t placé sur la ligne de l'écriture ;

de le, de la, de les (et non pas *de, du* ou *des*), par
point placé au-dessus de la ligne de l'écriture ;

à le, à la, à les, à des (et non pas *au* ou *aux*), par
point placé au-dessous.

On aura soin d'isoler ce point pronom ou article dans
us les cas, de peur qu'il ne soit confondu avec les
ints initiaux qui se placent à côté du premier carac-
re du mot sténographique, et desquels nous allons
us occuper dans la seconde partie. Exemple 21.

On peut appuyer d'avantage le point pour distinguer
pluriel du singulier.

CHAPITRE X.

Exercices pratiques sur la première partie.

Avant d'aborder la deuxième partie, l'élève doit s'as-
rer qu'il possède bien, non-seulement la théorie,
ais même, jusqu'à un certain point, la pratique des
' cipes compris dans cette première division de la
éthode. Il devra, à cet effet, écrire isolément et en
lonne verticale chacun des mots donnés en exem-

ple, et en faire vingt, trente fois, s'il le faut, la réduc
tion en caractères sténographiques mis en regard de
caractères ordinaires. Cet exercice sera continué que
que temps encore, alors même qu'on ne ferait plus d
fautes, ce dont on peut facilement s'assurer en com
parant son travail aux exemples de la planche-modèle

Les exercices ne porteront jamais que sur les mot
qui, dans la méthode, sont offerts pour exemple. Le
difficultés que présenteraient des mots mal choisis, do
nant lieu à l'application de règles non encore exposée
dégoûteraient infailliblement le commençant et com
promettraient ses succès.

On ne saurait trop insister sur la première partie
elle est sans contredit la plus importante, par suite d
la fréquence de ses applications. L'étude des partie
suivantes de l'ouvrage sera, d'ailleurs, d'autant plu
facile que les premiers signes et les premières règle
auront été mieux saisis.

DEUXIÈME PARTIE.

CHAPITRE XI.

DES INITIALES.

Nous appelons *initiales* les signes qui sont destinés
représenter les sons ou articulations qui se trouvent
u commencement des mots. On les divise en deux espè-
es ; la première répond à ce que nous appelons les *ini-
iales-voyelles*, et la seconde, les *initiales-consonnes* (1).

I.

Initiales-voyelles.

Le tableau des *initiales-voyelles* comprend les voyel-
es et les diphthongues nasales, les voyelles et les diph-
ongues simples, et ces mêmes voyelles et diphthon-
ues combinées avec les lettres *l* et *r*.

Voyelles nasales. Toutes les voyelles ou diphthon-
ues nasales qui peuvent se rencontrer au commence-
ent des mots, se réduisent à trois sons bien distincts,
n, in, un. On en est excepté, parce qu'il a déjà, dans
otre alphabet, un signe général qui s'emploie partout
ù s'entend cette nasale, au commencement, au milieu
t à la fin des mots.— Les initiales nasales seront repré-
entées par un point placé au-dessus de *l'endroit où
on commence le premier signe du mot.* **Ex. 1** de la
e partie, suite de la pl. II.

(1) Avoir sous les yeux le tableau des initiales, pl. I.

Voyelles simples. Les voyelles simples, dans le
quelles nous avons compris la diphthongue *oi*, et l
autres sons improprement appelés aussi diphthongue
qui résultent de la combinaison de deux ou plusieu
voyelles entre elles, ne peuvent pas, comme les n
sales, être réduites à un petit nombre ; chacune d'ell
a un son parfaitement distinct. Craignant la confusio
si elles se trouvaient réunies toutes sous la représent
tion d'un seul et même signe, comme cela a lieu dar
le système de Taylor, nous les avons divisées en deu
séries. La nature de la prononciation de ces sons e
la base de cette division.

La première série comprend les voyelles *ouvertes*
c'est-à-dire celles qui se prononcent la bouche plus o
moins largement ouverte : la deuxième les voyelles *fe
mées*, c'est-à-dire celles qui exigent un certain rappr
chement de lèvres pour être prononcées.

Les voyelles *ouvertes, a, e, i ; oi, ai, ei*, et autre
sons *analogues*, sont représentés par un point plac
tout à *côté* de l'endroit où commence le premier carac
tère du mot ; exemple 2.

Les voyelles *fermées, o, u, ou, eu*, et autres son
analogues, sont représentés par un point placé *au-des
sous* de l'endroit où commence le premier caractère d
mot (1) ; exemple 3.

_____

(1) On ne placera pourtant jamais les points initiaux de voyelle
simples ouvertes ou fermées, devant les lettres diminuées de la moitié d
leur grandeur, ni devant l'*x* et l'*y*.

Il serait en effet inutile de placer les points initiaux devant les lettre

Initiales composées en r *et en* l. Les initiales composées en *r* et en *l* sont également divisées en voyelles *ouvertes* et en voyelles *fermées*.

Les initiales composées *ouvertes, ar, er, ir; al, el, il,* sont figurées par un petit demi-cercle ou virgule *rentrante* (1).

Les initiales composées *fermées, or, ur, our; ol, ul, oul,* par un petit demi-cercle ou virgule *sortante*.

Les initiales composées en *r* se placent au-dessus de l'endroit où commence la première lettre du mot, et les initiales en *l* se mettent au-dessous ; exemples 4 et 5.

Observation sur les initiales composées.

Pour faire apprécier la méthode que nous avons employée dans la formation des signes des *initiales composées*, nous devons constater, en fait, que les voyelles *ouvertes* a, e, i, et leurs composés, sont plus fréquents que les voyelles *fermées* o, u, ou, et leurs composés, et rappeler que l'*r* se rencontre beaucoup plus souvent que l'*l*.

On comprendra alors beaucoup mieux pourquoi nous

iminuées, puisque leur diminution, indiquant qu'elles terminent une yllabe, implique nécessairement qu'elles sont précédées d'une voyelle. n supposera toujours la voyelle devant l'*x* et l'*y*. Ainsi on écrira alement avec un *x* initial sans *E, Xercice* comme *Xénophon* et on a *Exercice, Exénophon.*

Cette addition de l'*e*, nécessaire dans le premier mot, ne nuit pas à la ibilité du second.

(2) *Rentrante* vers le *corps* de celui qui écrit.

avons donné aux voyelles *ouvertes* (les plus fréquentes
la virgule *facile*, *rentrante*, tandis que la virgule *sortant*
est restée affectée, par opposition, aux voyelles *fermée*
(moins fréquentes). On voit aussi pourquoi nous avon
par préférence assigné aux initiales en *r* (plus nom
breuses) la position supérieure qui, outre qu'elle e
plus commodément exécutable que l'inférieure, a l'ava
tage de pouvoir se lier avec les neuf lettres non bo
clées, et, dans ces cas, de procurer l'économie d'u
levée de plume ; tandis que la position inférieure, moi
commode à tracer, et qui, dans aucun cas, ne peut do
ner lieu à une liaison, est restée aux initiales en *l* (in
niment rares).

Ainsi, dans les initiales composées, les voyelles *o*
vertes, qu'elles soient combinées avec *r* ou avec *l*, so
représentées par la virgule *rentrante* facile, et qui *pe*
être liée avec les lignes droites et les demi-cercles no
bouclés (1), et les voyelles *fermées* en opposition, p
la virgule *sortante* moins commode, et qui ne *peut j*
mais être liée. La position supérieure ou inférieure
ces deux virgules sert à distinguer les initiales en *r*
celles en *l*.

II.

Initiales-consonnes.

Les initiales-consonnes sont divisées en deux colonne
la première comprend toutes les consonnes de l'alph
bet susceptibles d'être suivies immédiatement d'une d

---

(1) *Or*, par exception, ne peut être lié avec l'*s* ; cette réunion f
merait l'*x*. On évite cette confusion en détachant l'initiale.

leux liquides *l* et *r*, et de former par cette réunion cer-
aines doubles articulations ; et les deux lettres *l* et *r*,
ransportées à la fin de la syllabe et la terminant, quelle
jue soit la voyelle qui les sépare de la première con-
ionne qui commence cette syllabe, forment la série de
a seconde colonne.

Dans les initiales-consonnes, les fortes et les faibles
:orrespondantes (*p-b*, *t-d*, *k-gh*, *ch-g*, etc.), sont réu
iies sous la représentation d'un même signe. Ce signe
:st tiré de celui de la forte ou de celui de la faible, mo-
lifié par une addition ou un renversement de boucle
iu de crochet (1). Les combinaisons en *r* sont générale-
nent empruntées aux signes des consonnes faibles, et
:elles en *l* aux signes des consonnes fortes.

1re *règle*. On emploie les signes de la première co-
onne toutes les fois qu'il n'y a pas application d'une
les syllabes *lan* et *ran*, comme dans *plan* et *prend*.

Les signes de *pr* ou de *pl* s'appliquent donc dans les
ots *prêtre*, *prévenant*, *plaisant*, *platitude*, et ne s'ap-
liquent pas dans ceux-ci : *prendre*, *printemps*, *plante*,
lain*dre*.

2e *règle*. On emploie les signes de la deuxième co-
nne, quand les syllabes qu'ils traduisent sont suivies

(1) Le revirement de la bouche constituant la distinction essentielle
es initiales-consonnes de la première colonne, on s'explique mieux à
résent la sévérité de la prescription absolue portée à la règle (page 24),
savoir la nécessité de conserver au commencement des mots, ou plutôt
es monogrammes sténographiques, la boucle dans la position où elle
trouve dans l'alphabet, alors qu'il pouvait paraître d'abord indiffé-
nt de la tracer d'un côté ou de l'autre.

d'une consonne, et qu'il n'y a pas application d'une terminaison, comme dans les monosyllabes *par, pair*, où
il y a lieu de se servir des finales *ar* ou *air*, comme on
le verra dans la partie suivante ; exemple 6.

CHAPITRE XII.

Exercices pratiques sur la deuxième partie.

Nous conseillons de faire, sur les exemples de la seconde partie, le même exercice prescrit à l'occasion de
ceux de la première.

Comme il y aurait imprudence à aller en avant sans
savoir parfaitement ce qui précède, on reviendra ici sur
les premières règles, et l'on combinera les exercices de
la première partie avec ceux de la seconde, d'abord en
suivant l'ordre méthodique dans lequel se trouvent placés les exemples, en le renversant ensuite, et enfin en
mêlant au hasard tous les mots sténographiques.

TROISIÈME PARTIE.

CHAPITRE XIII.

DES FINALES.

On appelle finales ou terminaisons, les signes desti-
és à représenter les sons ou les syllabes qui se trou-
ent à la fin des mots.

Les finales se divisent en *finales simples*, *finales com-
osées* et *finales diverses* (1).

Nous nous sommes efforcé de réunir, par un lien lo-
ique, les divers chapitres des deux premières parties
e ce traité. Dans celle où nous allons entrer, nous
vons redoublé d'efforts pour procéder, autant que pos-
ible, avec cet esprit méthodique qui est le mérite prin-
ipal d'un ouvrage de ce genre.

Pour atteindre ce but, nous nous sommes attaché à
éduire les nouvelles règles, à former les nouveaux si-
nes, des règles et des signes déjà connus.

Les terminaisons qui s'engendrent les unes les autres
érivent elles-mêmes des initiales en *l* et en *r* déjà
onnues.

On se rappelle que les initiales en *l* et en *r* sont divi-
ées en deux classes ; que celles où les voyelles *ouvertes*
, *è* se font entendre (*ar*, *er*, *al*, *el*), sont représentées
ar la virgule *rentrante*, et que celles où dominent les

(1) Avoir sous les yeux le tableau des finales, pl. 1.

voyelles *fermées, o, u (or, ur, ol, ul)*, sont figurées par la virgule *sortante*. On retrouvera, dans les terminaisons, les virgules dans le même sens, affectées aux mêmes voyelles qu'elles représentaient dans les initiales ; les terminaisons *a, è* se tracent comme dans les initiales (*ar, er, al, el*) par une virgule *rentrante*. Mais dans les terminaisons, ces deux sons n'étant pas confondus sous un seul et même signe, il reste à retenir à laquelle de ces deux voyelles appartient la position supérieure ou inférieure. Même raisonnement pour la formation des finales *o* et *u* qui, dans les terminaisons comme dans les initiales (*or, ur, ol, ul*), sont représentées par une virgule sortante.

Règle générale applicable à toutes les finales.

Les signes des terminaisons, quelles qu'elles soient, représentent la terminaison elle-même, et cette terminaison accompagnée d'un *s* ou d'un *t ;* ainsi, le signe de la terminaison *a = a, as, at* (1) ; exemple, *aima, bécasse, sulfate ;*

Celui de la finale *ul = ul, uls, ult* ; exemple, *cumul, compulse, résulte ;*

Celui de la finale *ar = ar, ars, art*, etc.; exemple, *renard, comparse, écarte ;*

Celui de la finale *in = in, ins, int*, etc.; exemple, *raisin, pince, coloquinte.*

---

(1) Le signe de *a* représente aussi *ace, ale,* parce que l'*e* muet n compte pour rien en sténographie.

Ce principe général doit être toujours présent à l'esprit pour l'application des signes des finales ; c'est sur
sa rigoureuse application qu'est fondé le chapitre XVII,
des signes détachés et des doubles finales, qui enseigne
une des combinaisons les plus favorables à la rapidité
et à la lisibilité.

I.

Finales simples.

Les finales *simples* sont celles qui sont formées par
une voyelle ou une diphthongue ; on en compte cepen-
ant parmi elles qui se terminent par une consonne qui
n'en altère pas sensiblement le son ou la prononciation,
omme *saoul, sou, almanach, almana*, etc.

Les finales *a, as, at* (voyelle *ouverte*) ; *oi, ois, oit*,
t autres sons *analogues*, se représentent par une vir-
ule *rentrante* liée au dessus et à la fin de la dernière
ettre du mot ; exemple 1 de la 3e partie, planche II:

Celles en *ai, ais, ait, è, ès, èt* (voyelle *ouverte*), et
utres sons *analogues*, par la même virgule *rentrante*
iée au-dessous ; exemple 2.

Celles en *u, us, ut; eu, eus, eut* (voyelle *fermée*), *uc*
t autres sons *analogues*, par une virgule *sortante* liée
u-dessus et à la fin de la dernière lettre du mot ; exem-
le 3.

Celles en *o, os, ot; au, aus, aut* (voyelle *fermée*), *oc*,
t autres sons *analogues*, par la même virgule *sortante*
ée au-dessous ; exemple 4.

Celles en *é*, etc., par un point placé immmédiatement

au-dessus de la fin du dernier caractère du mot; exemple 5.

Celles en *i*, *is*, *il*, etc., par un point placé immédiatement *au-dessous* (1); exemple 6.

Celles en *ou*, *ous*, *out*, etc., par une ligne verticale courbée à droite à sa naissance. On lie ce signe à la dernière lettre du mot, et on le commence par le crochet; exemple 7.

Celles en *ui*, *uis*, *uil*; *oui*, *ouis*, *ouil*, et par extension *uir* et *uire*, etc., par une petite ligne horizontale courbée largement à son extrémité; on lie ce signe à la dernière lettre du mot, et on le finit par le crochet (2); exemple 8.

Exercices pratiques.

Des exercices dans le genre de ceux que nous avons déjà recommandés à la fin des deux premières parties devront être répétés fréquemment sur les exemple auxquels renvoie ce chapitre.

II.

Finales composées.

Les finales *composées* se divisent en finales en *l* et e *r*; leurs signes représentatifs sont dérivés de ceux de finales *simples;* il y a cependant quelques exceptions comme on le verra dans les deux chapitres qui les con cernent.

(1) C'est relativement à l'endroit où finit le dernier caractère que s détermine le dessus ou le dessous, pour le placement des points *é* et *r*

(2) Il faut relever un peut haut la fin de ce signe, pour qu'il n puisse être confondu avec un *r* suivi de la finale *a*.

A. *Des finales composées en* l.

Nous appelons finales en *l* celles qui sont formées par les finales *simples* suivies d'un *l*.

Les finales *al, als, alt, ail; oil, oils, oilt,* et autres ons analogues (finale *a*); *el, els, elt; eil,* etc. (finale *è*); *ul, uls, ult, eul, euls, eult, euil,* etc. (finale *u*); *ol, ols, olt,* tc. (finale *o*); se représentent par les signes des finales imples auxquelles elles corrrespondent, mais elles se létachent de la dernière lettre du mot pour les distin-guer des finales *simples,* dont tous les signes (à l'excep-ion des points représentatifs de la finale *é* et de celle n *i*) sont joints au dernier caractère du monogramme ténographique; exemple 9.

Celle en *il, ils, ilt; ille,* etc., est figurée par un etit'trait vertical détaché, par analogie avec la finale mple i, au-dessous de la dernière lettre du mot. — La nséquence du principe général de formation des fi-ales en *l,* à savoir le détaché du signe de la finale mple correspondante, eût amené un second point, au-ssous de celui représentant la finale *i.* Notre petit ait vertical au-dessous peut être considéré comme la union de ces deux points; exemple 10.

Celle en *oul, ouls, oult; ouille,* et par extension *uil, ils, uille,* se trouve, faute d'un signe particulier, tra-ite par un *l* sténographique lié à la dernière lettre; emple 11.

On remarquera que chacune des finales en *l, oul, uil* ceptées, ayant chacune un signe représentatif différent, *l* sténographique placé à la fin des mots ne peut signifier que les finales *oul* ou *uil*, qui, seules, entre toutes les finales en *l*, n'ont pas de caractère spécial.

On n'aura pas manqué aussi de noter que les finales mouillées *ail*, *aille*, *euil*, *euille*, *il*, *ille*, *ouil*, etc., sont comprises sous les signes représentatifs des finales en *l* auxquelles elles correspondent.

B. *Des finales composées en* r.

On entend par finales en *r* les finales simples suivies d'un *r*.

Les finales *ar*, *ars*, *art*; *oir*, *oirs*, *oirt* et autres sons *analogues* (finale *a*); *er*, *ers*, *ert*; *air*, etc. (finale *è*); *ur*, *urs*, *urt*; *eur*, *eurs*, *eurt*, etc. (finale *u*); *or*, *ors*, *ort*; *aur*, etc. (finale *o*); se représentent par la virgule des finales simples leur correspondant, à laquelle on en ajoute une seconde dans le sens opposé. Les signes de ces terminaisons, en forme de *zigzag*, se lient à la dernière lettre ; exemple 12.

Celle en *our*, *ours*, *ourt*, est, par exception, se traduit par deux petits demi-cercles horizontaux, espèc de zigzag horizontal, dont le premier trait est en des sus ; exemple 13.

Celle en *ir*, *irs*, *irt*, *ire*, faute de signe particulier se traduira par un *r* sténographique lié à la dernièr lettre (1) ; exemple 14.

(1) *ir* final ne sera représenté par ce signe que lorsque l'*r* commencer une nouvelle syllabe, comme dans *sire*, *mirent*; dans les autres ca il est plus lisible de le représenter par la finale simple *i*. Exemple ment*ir* s'écrira ment*i*.

Remarque sur les finales composées.

Nous avons déjà eu plusieurs fois l'occasion de constater que l'*r* est plus fréquent que *l*, et de justifier ainsi le choix des signes meilleurs que nous avons donnés à la première de ces deux lettres. Le redoublement des finales simples nous a paru plus rapide que le signe primitif détaché ; c'est pourquoi nous avons approprié l'espèce de *zigzag* aux finales composées en *r* de préférence à celles en *l*.

Exercices pratiques.

Ici encore l'on doit suspendre l'étude de la théorie pour se livrer à des exercices portant d'abord sur les finales composées en *l* et en *r*, et ensuite sur les exem-es mêlés des finales simples et des finales composées.

CHAPITRE XIV.

Finales diverses.

Les finales diverses ne se présentaient pas, comme es finales *simples* et *composées*, par séries méthodi-es. En effet, la terminaison *iste* est très-fréquente ; elles en *aste, este, uste, ouste*, au contraire, ne se rentrent presque pas ; la finale *ance, ence*, par sa répétition, exigeait un signe spécial ; les finales *ince, once, nce, ounce*, ne reviennent pas assez souvent pour voir chacune son signe distinct. Si donc la formation

des signes des finales diverses est moins logiquemen
déduite que celle des signes précédents, cela tient
comme on le voit, à la nature même des éléments régi
par cette partie du système.

Cependant, pour faciliter la mémoire des signes nou
veaux qu'il nous reste à exposer, nous avons établi un
division artificielle dont l'efficacité nous a été démon
trée dans les cours publics ou privés que nous avon
professés.

Les FINALES DIVERSES seront donc divisées en troi
séries. La première est désignée sous le titre de *finales
initiales*, la seconde sous celui de *finales-analogues*, e
la troisième, sous celui de *finales-arbitraires*.

A. *Finales-initiales.*

Cette classe de finales diverses est appelée *finale*
initiales, parce qu'elle dérive de la méthode suivi
dans les initiales-voyelles, division en voyelles *ou*
vertes et en voyelles *fermées*, auxquelles correspo
dent des signes représentatifs *formant opposition* l'
avec l'autre. Voilà donc suffisamment expliquée et ju
tifiée cette création étrange du mot *finales-initiales*.

A*teur, asseur, éteur, esseur, iteur, isseur,* sont fig
rées par une finale en *r* détachée *au-dessous ;* cette po
tion plus commode est motivée par la fréquence relativ
ment plus grande des voyelles *ouvertes*, ainsi que cela
été établi au chapitre des *initiales-voyelles.*—*Oteur,* o
seur, uteur, usseur, outeur, ousseur, ont, *par oppos*
tion, pour signe, une finale en *r au-dessus ;* cette p

sition moins facile reste aux *voyelles fermées* (1). Exemple 15.

Ation, *assion*, *élion*, *ession*, *ition*, *ission* (voyelles *ouvertes*) sont représentées par une petite boucle de haut en bas (position commode), liée à la fin de la dernière lettre du mot.

La même boucle tracée de bas en haut (position moins commode et *opposée* à la précédente), exprimera *olion*, *ossion*, *ution*, *ussion*, *oulion*, *oussion* (voyelles *fer-'es*). Exemple 16.

Les finales *antion*, *ention*, *intion*; *ontion*, *untion*, *untion*, ne sont autres que les finales *ation*, *élion*, *lion*, *otion*, *ution*, *oulion*, dont la première voyelle st devenue nasale, c'est-à-dire plus intense. L'agranissement du signe des finales précédentes rend paraitement cette différence d'intensité de son. Exemple 17.

Les exemples présentés sous les numéros 16 et 17 onneront l'idée de la liaison de ces boucles finales vec les caractères de l'alphabet de toutes les direcons.

Pour être fidèle à la méthode génératrice des signes es *finales-initiales*, nous avions d'abord divisé les fiales nasales *an*, *en*, *in*,—*on*, *un* et *oun*, en voyelles uvertes et en voyelles fermées ; mais le petit *n* expri-

(1) Tracées isolément, les finales *or* et *ur* sont génératrices de ces nales, parce qu'elles sont plus faciles à jeter rapidement que les finales *ar* et en *er*. Comme il ne nous fallait que deux signes pour cette rie de finales, nous avons choisi, parmi les finales en *r*, celles en *or* en *ur*.

mant très-rapidement et très-lisiblement, *an, en; o*
ayant déjà un signe général dans notre alphabet, *e*
oun ne se rencontrant jamais à la fin des mots, nous
avons fait disparaître ces quatre nasales ; nos deux séries se sont alors trouvées réduites, celle des voyelles
ouvertes à *in*, et celle des voyelles fermées à *un*.

La finale ouverte *in* est représentée par un petit trait
oblique de *droite à gauche*. Il peut être lié à la dernière lettre du mot ou en être détaché, *ad libitum*. Ce
signe a du rapport pour la direction avec celui de la
finale simple *è*, le générateur de *in (èn)*; cette ressem-
blance des deux sons explique celle des deux signes.

Par opposition, la finale fermée *un* est figurée par
un petit trait de *gauche à droite*, également lié ou détaché. Exemple 18.

Exercices pratiques.

Quelques exercices sur la première classe des *finales-
diverses* sont utiles avant de passer à l'étude de la seconde.

B. *Finales-analogues.*

Les finales comprises dans cette série sont dites *analogues*, parce que leurs signes représentatifs ne son
que des modifications de ceux que l'on aurait employés
en se conformant aux règles précédemment exposées
si ces terminaisons de mots n'eussent pas été comprise
dans des finales spéciales.

Oin, et par analogie, *ouant, ouen, ouin*, etc., est re

présenté (au lieu d'un petit *n*) par un petit *n* bouclé à son extrémité. Exemple 19.

Iant, et par extension *fiant* (au lieu d'un *h* ou d'un *f* avec un petit *n*), par un petit *n* détaché dessus ou des-
- us, *ad libitum* (1). Exemple 20.

Ié, et par extension *isé*, *ité* (par application de ce rincipe général des finales, à savoir que l'addition d'un ou d'un *t* à une finale quelconque ne change rien au igne représentatif), par la finale *é*, primitivement appli-
able, en ayant soin, comme distinction, de placer très-
aut le point. Exemple 21.

Ason, *asson*, *aton*, et par extension, *oison*, *oisson*, *iton* et autres sons analogues, par un signe *on* à grand rochet. Exemple 22.

Anse, et par analogie *ange*, *anche*, etc., par une nale *a* très-grande, bouclée à sa naissance du côté le lus commode à la liaison. *Anse* n'est en effet que la nale *as* plus intense par la substitution de la nazale à voyelle simple. C'est aussi le signe de l'*a* final très-
randi et bouclé à sa naissance pour plus de distinc-
on avec la finale simple génératrice, que nous avons oisi pour exprimer la finale *anse*. Exemple 23.

Exercices pratiques.

Encore ici nous recommandons des exercices, mais écutés spécialement sur les *finales analogues*.

---

(1) Ces signes, comme tous ceux qu'on a la liberté de placer dessus dessous, se mettent indifféremment au-dessus ou au-dessous des ca-
ctères après une ligne horizontale ; on les place au-dessous quand ils ivent une lettre tracée de haut en bas, et au-dessus, quand la lettre i précède est tracée de bas en haut.

C. *Finales-arbitraires.*

Les signes des finales de cette série étant arbitraires de leur essence, la mémoire seule doit faire les frais de cette partie de notre système.

Iste, et par extension, *isme*, *istre*, est figurée par un petit *zigzag* détaché dessus ou dessous, *ad libitum* (1). Exemple 24.

Lement, *liment*, et par extension *lissement*, par un petit trait coupant perpendiculairement l'extrémité du dernier jambage de la dernière lettre du mot; exemple 25.

Leté, *lité*, et par extension *licité*, par le même sign accompagné d'un point; exemple 26.

Sivement, *tivement*, par un petit trait horizontal dé taché dessus ou dessous, *ad libitum* (2); exemple 27

Sivité, *tivité*, par le même signe accompagné d'u point; exemple 28.

Graphe, *logue*, par un petit demi-cercle coupant l dernière lettre perpendiculairement et à son extré mité (3); exemple 29.

Graphie, *logie*, par le même demi-cercle accompa gné d'un point (4); exemple 30.

(1) Voir la note précédente.

(2) Id.

(3) Plus tard on pourra étendre ce signe à plusieurs autres dési nences grecques : *gramme*, *crate*, *cratie*, *cratique*, *etc.*

(4) Nous devons avertir que, dans la pratique, nous et nos élève supprimons sans embarras le point distinctif des trois dernières finale Le sens de la phrase est un puissant levier auquel il faut s'abandonne

CHAPITRE XV.

Exercices pratiques.

Après s'être livré à des exercices spéciaux sur les *finales arbitraires*, l'on devra, comme récapitulation, mêler d'abord les exemples des trois classes de *finales diverses*, et ensuite ceux de toutes les finales.

Que la vue du terme qui approche ne fasse pas négliger les exercices ; un moment d'impatience, de précipitation dans la marche, pourrait faire perdre l'équilibre et compromettre le succès d'une étude qui, poursuivie sans le secours d'un professeur, d'un démonstrateur, la plume à la main, n'est pas sans difficulté.

CHAPITRE XVI.

Des Monosyllabes.

Les monosyllabes, ou mots composés d'une seule syllabe, pourraient indifféremment être considérés commes initiales ou comme finales, puisque formant des mots entiers, ils en sont en même temps le commencement et la fin. Mais chaque son principal ayant un signe représentatif distinct dans les finales, leurs signes offrent aux monosyllabes une traduction plus

avec confiance ; il permet, dans beaucoup de cas, de négliger le secours de certains signes, et, partant, d'augmenter la rapidité de l'écriture par leur suppression.

exacte que ceux des initiales, où, soit qu'ils **répondent**
aux voyelles ouvertes *a*, *e*, *i*, soit qu'ils traduisent les
voyelles fermées *o*, *u*, *ou*, chacun d'eux a au moins une
triple signification. C'est pourquoi nous avons représenté les monosyllabes par les signes des finales.

La ligne de l'écriture sera pour les monosyllabes ce
qu'est la dernière lettre du mot pour les finales. Cette
ligne moyenne idéale (1) déterminera la position relativement supérieure ou inférieure des monosyllabes.

Les monosyllabes tirés des finales détachées se pla-
ceront beaucoup plus haut ou beaucoup plus bas, pour
être distingués de ceux formés par les finales liées, lesquelles doivent prendre leur origine immédiatement
au-dessus ou au-dessous de la ligne fictive.

Pour éviter des subdivisions, nous avons compris,
dans cette théorie, sous le titre de monosyllabes, toutes
les finales prises isolément, quoique quelques-unes
d'entre elles, comme *anse*, *isle*, etc., soient composées
de deux et même de trois syllabes.

Ce chapitre s'applique aux signes des finales employés seuls ; il devrait peut-être être intitulé plutôt
des monosignes (si ce mot barbare pouvait être reçu),
que *des monosyllabes*. Exemple 31.

---

(1) Rien ne serait plus nuisible que de tracer des lignes au crayon.
C'est relativement à la position du mot que l'on vient d'écrire que se
détermine cette ligne médiale fictive, au-dessus ou dessous de laquelle
se place la finale monosyllabique.

CHAPITRE XVII.

Des signes détachés.

Règle. Tout signe détaché (non lié au monogramme) era considéré comme étranger au mot auquel il appart-ent. Abstraction faite des parties du mot représentées ar les signes détachés, le reste du mot sera traité comme ot entier, et recevra, par conséquent, s'il y a lieu, l'ap-lication d'une nouvelle initiale et d'une nouvelle finale.

Ainsi, dans *noué*, la finale *é* étant représentée par le oint supérieur, signe détaché, que restera-t-il, abstrac-on faite de cette finale *é*? Il restera *nou ;* or, dans *ou* il y a application de la finale *ou ;* on écrira *n*, fi-ale *ou* et finale *é ;* — dans *futile*, la finale *il* étant primée par un signe détaché, il ne restera plus à rire que *fut ;* il faudra mettre *f*, finale *ut* et finale *il ;* dans *conventionnel*, *el* étant figuré par un signe dé-ché, on ne doit plus avoir égard qu'à ce qui reste, est-à-dire *convention*, où il y a lieu d'appliquer la fi-ale *ention ;* ainsi on écrira *con*, *v*, finale *ention* et nale *el*. — Dans *éclat*, *é* étant une initiale non liée, il aura à écrire *clat* avec un *cl* initial et la finale *a*.

On se relâchera cependant de la rigueur de ce prin-pe, lorsqu'il donnera lieu à l'emploi successif de deux iliales ou de deux finales à signes détachés, comme ans *amitié*, ou *ié* étant exprimé par le point très-élevé, pellerait ensuite la finale *it*, représentée par un point

au-dessous, signe également détaché. La **rapidité** et la
clarté seraient compromises par ces deux signes détachés. Exemple 32.

CHAPITRE XVIII.

Exercices généraux.

Tous les exemples des trois premières parties de la
méthode doivent être repris dans leur ordre successif
et mêlés d'abord par chaque partie, et enfin dans tou
leur ensemble.

Quand cet exercice général aura convaincu que l
règles et les signes sont parfaitement connus, l'on écri
par petites portions le premier morceau placé à la fi
de la première planche.

Ce morceau peut donner lieu à des exercices d'u
variété infinie; chacun suivant ses idées en métho
pourra se servir de ce modèle pratique.

Dût-on passer un très-long temps avant de l'écri
sans faute, nous conseillons de ne l'abandonner qu
lorsqu'on aura atteint ce résultat. Alors on essaiera
voler de ses propres ailes, et si l'on a suivi les consec
que nous n'avons pas craint de répéter à satiété da
les diverses parties de notre traité, les fruits d'une pr
tique habile de la sténographie viendront assez vi
dédommager de l'aridité de son étude théorique.

CHAPITRE XIX.

Conclusion.

Les trois premières parties de la méthode renferment un système complet qui permet d'écrire tous les mots de la langue française avec une rapidité et une lisibilité suffisantes pour suivre la parole. Ce système constitue un progrès, si on le compare aux anciens traités de sténographie.

Ici se termine l'exposition des bases fondamentales de cette théorie. La déduction continue qui, comme un fil conducteur, n'a pas, nous l'espérons, cessé de guider dans ce dédale apparent de signes et de règles, doit avoir non-seulement rendu sans doute cette étude facile, mais peut-être aussi non sans attrait pour les esprits éthodiques et rigoureux.

La quatrième et la cinquième parties, complément e notre système, peuvent s'en détacher. Nous conseilons aux personnes qui étudient la sténographie pour 'en servir seulement à prendre des notes abréviatives, e s'arrêter ici; mais celles qui, au contraire, se sont roposé de l'appliquer à suivre mot à mot la parole si ariable de l'orateur, en se jouant des difficultés, de'ront aborder sérieusement l'étude des parties compléentaires ; elles trouveront dans leur mise en œuvre une arge compensation de la peine qu'elles se seront donnée our s'initier à l'intelligence des principes et des règles, et s'approprier la pratique des procédés plus ou moins éguliers et parfois empiriques qu'elles enseignent.

QUATRIÈME PARTIE.

CHAPITRE XX.

Superposition, Renforcement et Incompatibilité.

La quatrième partie comprend quatre **règles d'une** application à peu près générale, dont la **combinaison** produit, pour un très-grand nombre de mots, **une rapi**dité d'un tiers et souvent de moitié plus grande que celle obtenue par les procédés exposés dans les trois parties précédentes. C'est une voie nouvelle **de progrès** ouverte à l'art abréviateur, un filon à peine **reconnu.**

Première règle. Les lettres tracées de **haut en bas** ou horizontalement de gauche à droite, et **par consé**quent tous les demi-cercles dont une partie va toujours de gauche à droite, pouvant se renforcer avec facilité (1), on se servira du renforcement pour faire sentir que ces consonnes, ainsi grossies, sont suivies d'une nasale, la nasale *on* exceptée. Les caractères susceptibles d'être renforcés sont *f, h, s, m, ch, g, k, n, gn, con, ran, lan, x, on, fr, fl, fer, fel, cr, cl, car, cal, mer, mel, ner, nel, ser, sel, cher, chel.* Exemple **1** de la 4e partie, suite de la planche II (2).

---

(1) La sténographie présente l'aspect de l'écriture dite **ronde ;** on sait que dans cette écriture la direction du bec de la plume **va de gauche** à droite.

(2) Quelques-uns de nos élèves appliquant rigoureusement ce principe, renforcent même les signes des finales. Nous ne pensons pas que l'expérience sanctionne cette extension pratique de la règle.

Deuxième règle. Le placement d'un caractère au-dessus de cette ligne fictive dont nous avons déjà parlé, indiquera que ce caractère est suivi de la nasale *on*. On sent facilement que cette superposition ne peut avoir lieu que pour le premier caractère d'un mot, puisque, d'après les premières règles de cette méthode, on ne peut lever la plume que le mot ne soit fini. Quoique le reste du mot soit, par le fait de sa liaison avec le premier caractère, transporté au-dessus de la ligne, chacun des caractères qui le suivent, ne recevra pas après lui l'addition de *on;* cette nasale ne sera applicable qu'au premier caractère *écrit* (1); exemple 2.

Remarque sur la 1re *et la* 2e *règles.*

Le renforcement et la superposition des signes sont deux moyens qui, pris d'une manière absolue, ont une aleur contestable. Rien n'est plus fréquent que d'y manuerdans la pratique rapide. Cette faute est dans notre ystème sans conséquence; car, dans ce cas, l'addition stantanée du petit *n* à la place du renforcement, ou du *n*, au lieu de la superposition, vient immédiatement éparer l'oubli de la règle.

Troisième règle. On supprime l's ou le *t* (2) toutes es fois qu'après la suppression de l'une de ces deux

---

(1) Nous disons *écrit*, car nous verrons que le premier caractère ur l'œil n'est souvent pas le premier pour l'esprit, qui en suppose un utre, d'après les incompatibilités développées dans les règles suivan-, 3, 4 et 5.

(2) Le *d* étant la faible du *t* pourra recevoir par extension l'application de cette règle. Exemple : on pourra écrire *rendre* comme re,

lettres, ce qui se trouve réuni est *incompatible*, c'est-
à-dire lorsque la réunion des caractères rapprochés
par suite de la suppresssion de l's ou de *t*, viole les règles de l'épellation syllabique de la langue française ou
les règles spéciales établies dans cette méthode.

Il y a donc deux sortes d'incompatibilités, celle de
méthode et celle de syllabisation.

Il est impossible d'énumérer tous les cas où cette
double incompatibilité a lieu ; nous en avons cependant formulé les cinq principaux cas.

1ʳᵉ *Formule.* « *Tr* et *tan*, au commencement des
mots, donnent toujours lieu à la suppression du *t*. »

En effet, 1° un *r* diminué, c'est-à-dire liquide, appelle
une consonne qui le *cramponne*. Ne pouvant commencer un mot par un petit *r*, on restituera celle des deux
consonnes *s* ou *t* qui peut jouer vis-à-vis du petit *r* ce
rôle absorbant qu'implique sa diminution de caractère
(c'est-à-dire le *t*); — et 2°, un petit *n* au commencement des mots ne pouvant davantage s'y trouver sans
violation de la règle des initiales nasales, il faudra, pour
justifier sa présence, le faire précéder d'un *s* ou d'un
— mieux d'un *t ; car san* initial aurait pu, de préférence
s'écrire très-rapidement aussi par un *s* renforcé. Ex. 3

Nota. Tr, c.-à-d. petit *r*, devra désormais êtr
compris dans les initiales-consonnes de la première co
lonne, et recevoir l'application des règles qui concer
nent ces initiales (1). Exemple 4.

(1) On se rappelle que dans ces initiales, les fortes et les faibles son
comprises sous un seul et même signe; donc le petit *r* initial signifier
tr et *dr*,

2e *Formule.* « *Tr* à la seconde syllabe, quelle que soit la manière dont soit formée la première, peut toujours s'exprimer sans *t.* »

Un petit *r* liquide ne peut en effet jamais se trouver après le premier signe d'un mot, sans violer la règle elative aux initiales-consonnes de la première colonne. ncore ici, pour faire disparaître cette incompatibilité e méthode, on sera forcé, dans la lecture, de restituer a consonne supprimée. Exemple 5.

3e *Formule.* « Quand une syllabe *composée* (1) est éparée par un *s* ou un *t*, d'un petit *r* ou d'un signe qui appelle une voyelle, il y a lieu à la suppression de l's u du *t.* »

Dans le premier cas, l'impossibilité d'épeler avertit e l'existence d'une suppression par incompatibilité ; ans le second cas, on ne pourrait unir la consonne fiale de la syllabe composée à la voyelle qui la suit, qu'en énaturant cette syllabe composée, laquelle, pour avoir té entendue et écrite, devait être suivie d'une con- nne. C'est cette consonne, *s* ou *t*, qu'il faut restituer our justifier un rapprochement fautif ou impossible. emple 6.

4e *Formule.* « Lorsque la seconde syllabe d'un mot t *son* ou *ton*, et que la première est formée par une llabe *composée* ou par une initiale consonne, ou par k, un *l* ou un *r*, on écrit la première syllabe au-

(1) Nous appelons syllabe *composée*, une syllabe terminée par une nsonne, par opposition aux syllabes simples qui finissent par une yelle. — Syllabes simples, *a, sa, pi,* etc. — Syllabes composées, *an,* l, *pour, son, pren.*

dessus de la ligne, et les deux premières se trouvent représentées. »

Les développements dans lesquels nous venons d'entrer au sujet des trois formules précédentes, nous dispensent de donner la justification de l'incompatibilité, conséquence de l'application de la quatrième formule. Pourquoi une exception pour le *k*, l'*l* et l'*r*? C'est parce que notre alphabet comprend exceptionnellement aussi des signes pour les trois syllabes *con*, *lon* et *ron*, et qu'ainsi le *k*, l'*l* et l'*r* doivent être séparés du *on* par un *s* ou un *t*, pour ne pas exister en violation de la règle relative à l'emploi des ces trois signes de l'alphabet. Exemple 7.

5e *Formule.* « Toutes les fois qu'une nasale est séparée par un *s* ou un *t* d'un *n*, d'un *m* ou d'un *gn*, l'on retranche l's ou le *t*. »

L'incompatibilité résulte ici de ce que la suppressio de l's ou du *t* amènerait l'addition d'un *n* ou d'un *m*, e opposition au principe consacré par le chapitre des con sonnes doubles, lequel établit que dans aucun cas même lorsqu'elles se sentent, on ne doit exprime qu'une de deux mêmes consonnes réunies. Exemple 8

Quatrième règle. « On supprime aussi le *b* et le suivis immédiatement d'un *l* liquide ou d'un *lan*, toute les fois qu'après la suppression du petit *l* et du *lan* le caractère qui se trouve rapproché du petit *l* ou d *lan*, forme avec lui les mêmes incompatibilités qu nous avons expliquées ci-dessus. »

Cette règle d'incompatibilité comprend des cas moin nombreux que la précédente; nous n'avons encor trouvé qu'une formule générale d'application,

Formule unique. « *Pl, bl* à la seconde syllabe s'écrivent sans *p* ou *b*. »

La suppression du *p* ou du *b*, dans ce cas, amène ainsi un petit *l* comme seconde lettre, ce qui est contraire soit à une épellation régulière, soit à la règle des initiales-consonnes de la première colonne. Exemple 9.

Observation commune aux règles 3 et 4, relatives aux incompatibilités.

Quand un mot dont les caractères sont incompatibles entre eux (c'est-à-dire lorsqu'on ne peut joindre en épelant les deux lettres rapprochées, ou que les rapprochant leur réunion est contraire à nos règles précédentes), quand un tel mot, dis-je, se présente au traducteur, cette incompatibilité d'épellation ou de méthode l'avertit de la nécessité de réintégrer la lettre supprimée pour arriver à la traduction. Or, cette lettre, dans un cas, est *s* ou *t*, et dans l'autre, *p* ou *b*.

CHAPITRE XXI.

Moyens abréviatifs.

On s'aperçoit aisément, quand on devient exercé, qu'on peut se soustraire à quelques règles nécessaires à observer en commençant, mais superflues quand on possède parfaitement la pratique de ses procédés. Il n'est point de sténographe qui n'ait ce qu'on peut appeler son *faire*, bien qu'il suive la méthode de tel ou tel maître. Beaucoup d'exercice, en faisant acquérir une plus grande rapidité, donne aussi une plus grande

facilité pour traduire. C'est quand on a acquis cette facilité qu'on peut se relâcher de l'application sévère des
règles que nous avons tracées, faire usage de quelques
moyens abréviatifs, ou même opérer la suppression de
quelques éléments des mots auxquels l'intelligence peut
suppléer. Enfin, nous devons proclamer ici que tout ce
qui peut ajouter à la rapidité de l'écriture, sans rendre
cependant les caractères intraductibles, est bon, et que
le praticien ne doit repousser aucun des moyens qui
se présentent à lui, s'ils tendent à ce but (1).

Premier moyen. Presque (2) toutes les finales pour-
ront être bouclées à leur naissance pour indiquer
qu'elles sont suivies de la finale *é*; la boucle posée au
contraire à leur extrémité marquera qu'elles sont suivies de la finale *i*; exemple 10.

Deuxième moyen. On pourra changer la finale *è*
grave en *é* aigu, toutes les fois que ce changement pro-
duira un bénéfice ou dans l'exécution ou dans la traduction; ainsi, on changera *transportait* en *transporté*,
pour avoir le bénéfice de la finale *é*, supprimée au moyen
de la boucle (3). Exemple 11.

(1) Comme écriture de notes ou moyen de correspondance, la sténographie doit nécessairement conserver la pureté de méthode et d'exécution, résultant de l'observation rigoureuse des prescriptions du traité.
Sans cela la convention manquerait d'unité.

(2) Ce qui distingue les *moyens* des signes ou des règles méthodi-
ques, c'est que ceux-ci sont soumis à des règles générales qui n'ad-
mettent pas d'exception, tandis que ceux-là ne s'appliquent que dans
quelques cas. Ainsi, pour ce *premier moyen*, on renoncera à la boucle
lorsqu'elle offrira quelque résistance à une facile exécution.

(3) Il est rare qu'en sténographie cursive, on emploie la finale *é*. On
la supplée à la fin comme au milieu des mots.

Troisième moyen. On pourra aussi changer *air* final en *é*, quand *air* sera précédé d'une des finales *enoc*, *assion*, *otion*, *ontion;* exemple 12.

CHAPITRE XXII.

Ponctuation sténographique.

Quoique l'on puisse se passer de ponctuation en Sténographie (1), nous en offrons un système, qui, sans altérer la rapidité de l'écriture, en facilitera la traduction; il consiste à laisser un plus grand intervalle entre les mots qui seront séparés par les signes de ponctuation. L'intervalle sera d'autant plus distant que le signe de ponctuation indiquera un plus long silence.

Cependant le silence n'étant pas le seul effet de certains signes de ponctuation, on trouvera (le point, la virgule, les deux points, et le point et virgule exceptés) des caractères pour les autres signes de ponctuation. Nous conseillons de s'habituer, dès le principe, à négliger tout signe de ponctuation. La sagacité du sténographe devra suppléer facilement à cette omission; exemple 13.

(1) Dans les sujets sublimes, on ne se sert ni de points, ni de virgule : comme ces compositions ne sont qu'à l'usage des lettrés, c'est à eux à juger où le sens finit, et les gens habiles ne s'y trompent jamais.

(Histoire de la Chine)

CHAPITRE XXIII.

Numération sténographique.

Les chiffres arabes sont, pour la numération, une sorte de sténographie de l'écriture usuelle ; elle est très-rapide et a l'avantage d'être familière à tout le monde ; aussi l'avons-nous conservée. Il est quelques cas où, pourtant, elle ne suffirait pas. Ce sont principalement les sommes rondes nécessitant l'emploi successif de plusieurs zéros, qu'il serait difficile de recueillir par les chiffres ordinaires. Trois signes auxiliaires suffisent à lever la difficulté.

Un *s* sténographique représentera cent ;

Un *m* — mille ;

Un grand *M* — million. Exemple 14.

CHAPITRE XXIV.

Noms propres.

On coupera d'un petit trait le milieu du dernier jambage des noms propres d'hommes, de divinités, de lieux, des mots techniques d'art ou de science, ou des mots peu usités.

On obtiendra le même résultat en les soulignant.

On pourra aussi les écrire sténographiquement par syllabes détachées et soulignées. Ce moyen, quoique plus lent, doit être préféré, seulement lorsque le nom propre n'est pas familier. Exemple 15.

CHAPITRE XXV.

Avertissement essentiel.

Quelle que soit la confiance de l'élève dans la sûreté e ce système, et malgré la facilité qu'il a pu avoir à s'aproprier les règles et les signes **de la 4e** partie, nous estiions qu'il doit faire ici une halte de plusieurs mois, afin e se rompre au mécanisme et de se bien pénétrer de esprit de l'art abréviateur. Alors seulement il pourra, ins crainte de confusion, essayer des innovations introuites dans cette édition et aborder la cinquième partie, à moins encore que dans la quatrième, les signes et s règles ont le lien méthodique des premiers chapitres ce livre. Ce sont, en quelque sorte, les confidences une longue expérience que nous offrons, à ce titre, x personnes qui veulent pousser très-loin leur habité d'exécution.

Si, après quelques jours d'études et de méditations r les témérités apparentes, et le défaut de généralisan dans le choix des signes nouveaux et les prescripns qui les régissent, l'on sent le terrain trop mobile us ses pas, si la lumière ne se fait pas facilement, il sera prudent, au moins, jusqu'à nouvel ordre, de rencer à ce complément de ressources abréviatives, à luxe de moyens sans lesquels, pendant vingt ans, s élèves ne se sont pas moins placés au premier rang milieu de leurs émules.

CINQUIÈME PARTIE.

CHAPITRE XXVI.

SIGNES DOUBLES-CONSONNES.

Observation préliminaire. — Cette 5ᵉ partie, en core une fois, ne s'adresse qu'au sténographe ayant u exercice de six mois à un an. Au sortir trop frais (l'étude des premières parties, il y aurait à craind que l'élève ne fût effrayé et découragé par le caractè exceptionnel et hardi des signes ajoutés et des règl nouvelles.

1. Nous proposons d'abord dans cette division ju qu'ici inédite de la méthode, et seulement après la san tion d'une pratique de plusieurs années, un table comprenant des signes exprimant chacun deux cor sonnes différentes, et même la syllabe *con* suivie d'u consonne déterminée. Employés en initiales, ces sig ne donnent lieu à aucune objection; il y a même ra ment de difficulté à s'en servir au milieu et à la fin mots, comme on le verra dans les exemples (1).

Ces signes ne sont autres, il est vrai, que ceux consonnes redoublées (2); mais si l'on songe que ch cune des doubles consonnes les plus usuelles se prése dans sept ou huit mots au plus, mots avec les figu

(1) Avoir sous les yeux le 1ᵉʳ tableau de la planche **III.**

(2) Première partie, Chap. **V.**

sténographiques desquels l'œil se familiarise bien vite, on n'hésitera pas à accepter la double signification onnée à un même signe (1). On en sera quitte, dans premiers temps, pour essayer entre les deux va-eurs du signe; un embarras ne pourrait exister que ans le cas, à peu près impossible, où les deux signi-cations offriraient chacune un mot distinct et de plus ue les deux mots s'accommoderaient à l'expression 'une même pensée. En présence d'une telle éventua-té improbable, peut-être impossible, on peut accepter e confiance les signes de ce tableau (2). Exemple *a.*

2. Par suite de la même observation sur la rareté e l'introduction des consonnes redoublées dans les onogrammes sténographiques, telle qu'elle résulterait e l'application du chapitre V de la première partie, ous n'avons pas éprouvé plus de scrupules à recom-ander, dans le milieu des mots, l'emploi des signes de usieurs des initiales-consonnes de la seconde colonne, *r-pel, fer-fel.* Dans ce cas, les syllabes en *r* et en *l* auront qu'un seul et même signe représentatif, celui

(1) Pour quelques monosignes répondant à des mots fréquents, tels e *quelque* (q.q.), et *comme* écrits par le même signe, il suffirait, l'on en sentait le besoin, de convenir d'une augmentation ou d'une inution dans le tracé de ce signe. D'ailleurs, le sens de la phrase, ier tout puissant pour l'homme intelligent, affranchit de la nécessité ces subtilités distinctives.

2) Dans la pratique, l'auteur a renoncé à certains signes qui com-taient d'abord ce tableau, soit parce que leur tracé, bien que déduit mêmes principes que celui des autres doubles signes fût résistant main, soit parce que l'association de consonnes qu'ils traduisaient méritât pas, par un retour assez fréquent, l'addition de nouveaux nes.

entre les deux combinaisons en *r* et en *l* qui offrira
le plus de facilité d'exécution dans la situation donnée.
Exemple *i*.

3. En combinant l'application des **règles** de la 4
partie, avec celle des signes proposés dans ce chapitre
on arrive à des monogrammes curieux par leur ex
trême abréviation. **Exemple** *c*.

CHAPITRE XXVII.

Signes arbitraires.

La plupart des lettres de l'alphabet **nous servent** déj
à représenter abréviativement de petits mots très-fré
quents. On trouve à la fin et en **travers de la pl. I**
quelques autres abréviations pour différents mots o
membres de phrases qui se rencontrent souvent da
le discours.

Deux principes ont présidé à la formation des sign
arbitraires que nous offrons comme modèles de ceux q
chacun croira devoir ajouter. Le premier des princip
générateurs des arbitraires consiste dans l'abandon
moitié du mot abrégé, en jetant en arrière le signe auqu
on s'arrête : exemple, *bien, combien, par conséque*
etc.;—le second, à mettre le commencement et la fin,
les signes les plus caractéristiques d'un mot long ou
plusieurs mots qui se présentent habituellement ré
nis : exemple, *plus ou moins, jusqu'à un certa*
point, etc.

En violation de la règle des initiales de la secon

colonne qui veut l'emploi des finales pour traduire des monosyllabes, nous nous servons de ces initiales pour certains monosyllabes usuels.

Ces sortes d'abréviations sont de la plus grande utilité. On ne saurait trop les multiplier; mais autant que possible, pour éviter de porter la confusion dans un ensemble où nous avons fait de sérieux et persistants efforts pour conserver la logique et la règle jusque dans l'exception même qui est de l'essence des derniers chapitres, nous conseillons de rattacher la création des abréviations nouvelles et individuelles, aux principes et aux procédés mnémoniques qui ont inspiré la forme des abréviations comprises tant dans la première liste que dans celle qui la complète dans la IIIe planche.

Suite du chapitre des signes arbitraires.

Quelques signes ou finales détachés très-haut ou très-bas à la suite de la dernière lettre d'un mot, nous ont fourni des signes réduits pour exprimer certains adjectifs d'un usage fréquent. En étendant ce procédé abréviatif, chacun pourra faire des additions utiles à cette liste; on créera de nouveaux signes appropriés aux qualificatifs usuels dans la matière sur laquelle on applique l'art sténographique.

Ainsi, pendant les longues années que l'auteur de ce manuel a consacrées à la direction du compte-rendu officiel des débats parlementaires, tout en se préparant à la discussion des projets indiqués à l'ordre du jour, par la lecture des exposés des motifs, des rapports et des

documents y relatifs, il ne manquait pas de noter le
mots et les associations de mots constituant en quelqu
sorte la technologie du sujet, et il improvisait *ad ho*
des signes abréviatifs spéciaux, qu'il avait soin d'oublie
le lendemain du jour où l'adoption du projet avait ou
vert l'arène oratoire à la discussion d'une nouvelle loi

Bien que les arbitraires proposés dans notre list
soient nombreux, il n'y a pas à appréhender de les ac
croître encore. Leur classement dans la mémoire se fai
petit à petit, et au bout de quelques années on peut,
sans fatigue et sans efforts, avoir mis insensiblement dan
sa main plusieurs centaines d'abréviations. Courage !
confiance ! toujours en avant ! et l'on n'aura pas à re
gretter, pour peu que l'on ne soit pas d'une nature ti-
mide et facile à désemparer, d'avoir osé, beaucoup osé
dans cette voie hérissée de difficultés plus apparentes
que réelles. *Labor improbus omnia vincit.*

SIXIÈME PARTIE.

—

CHAPITRE XXVIII.

CONSEILS GÉNÉRAUX.

Après s'être bien pénétré des conseils relatifs à l'ap-
lication de chacune des parties du système et en avoir
ecueilli les fruits dans sa pratique, il faudra s'exercer
transcrire un nombre de pages équivalant à la longueur
a premier livre de *Télémaque*, que l'on recommen-
era deux ou trois fois avant de prendre un libre essor.

lecture marchera de front avec la transcription,
n de constater par la traduction des signes sténogra-
hiques, leur conformité aux prescriptions de la mé-
de. La lenteur de cette opération ne doit pas dé-
urager ; la facilité de la lecture sténographique suit,
ujours, comme conséquence forcée, l'habileté de
xécution pratique.

Les personnes qui font de la sténographie une étude
euse, ne doivent pas ignorer que la lecture, d'abord
alytique, des signes de cette écriture abréviative, de-
ndra plus tard synthétique comme celle des signes
l'écriture usuelle : le praticien exercé arrive à re-
nnaître le plus grand nombre des mots à la simple
pection de la configuration de leur monogramme.
t que, pour les reconstituer, il est réduit à les dé-

composer par éléments, il est assez éloigné du but.
S'il n'en était pas ainsi, comment pourrait-on déchiffrer
jamais le discours d'un orateur à la parole rapide, dont
la transcription, hâtive aurait inévitablement entraîné
l'altération de presque tous les signes. Encore ici,
nous ferons observer qu'en cela, la sténographie ne
diffère pas de l'écriture usuelle qui, malgré un tracé
incorrect, et souvent horriblement défectueux, est toujours traduite plus ou moins couramment par une
personne intelligente et instruite, tandis qu'elle est in
extricable pour un enfant ou une personne sans éduc
tion, incapable, dans certains types cursifs, de rétabli
la forme d'une seule lettre conformément aux princi
pes d'une calligraphie pure.

La nécessité presque continuelle, dans l'applicatio
de la sténographie à la reproduction des débats ju
ciaires et parlementaires, de substituer la synthèse
l'analyse, c'est-à-dire de deviner les mots autant q
de les lire, explique la rareté des bons sténograph
Dans une infinité de cas, par suite de la déformati
inévitable de la sténographie cursive, l'intelligence de
matière sténographiée est en effet indispensable po
prévenir les écarts d'une traduction incertaine, qui m
cherait à tâtons, si l'on peut parler ainsi, au milieu d'
dédale de signes aux formes les plus variées et les pl
bizarres. Aussi, le talent d'un complet sténographe p
litique ou judiciaire suppose-t-il la réunion d'une gran
dextérité graphique à une solide et subtile organisati
intellectuelle : tête et main.

TEXTE DES EXEMPLES DES PLANCHES **1** ET 3.

Pl. 1. *Premier exemple.*

« Il faut être heureux, cher Emile ; c'est la fin de tout être sensible ; c'est le premier désir que nous imprima la nature et le seul qui ne nous quitte jamais. Mais où est le bonheur ? qui le sait ? chacun le cherche et nul ne le trouve. On use la vie à le chercher, et l'on meurt sans l'avoir atteint. Tant que nous ignorons ce que nous devons faire, la sagesse consiste à rester dans l'inaction. C'est, de toutes les maximes, celle dont l'homme a le plus grand besoin, et celle qu'il sait le moins suivre. Chercher le bonheur sans savoir où il est, c'est s'exposer à le fuir, c'est courir autant de risques contraires qu'il y a de routes pour s'égarer. »

(Emile : J.-J. Rousseau.)

Pl. 1. *Deuxième exemple.*

« Les peuples sont absolument comme les enfants qui, ayant un désir, pleurent et en veulent à leur nourrice tant qu'elle ne l'a pas deviné et contenté, l'objet de ce désir fût-il la lune, que la nourrice ne peut atteindre. Ainsi sont faits les peuples : ils sentent le malaise, les inquiétudes qui les tourmentent, mais ils ne se rendent compte ni de l'objet de ces inquiétudes, ni de la raison de ce malaise ; et alors ils s'en prennent de leur mal à la forme de société sous laquelle ils vivent, et alors ils accusent les hommes qui les gouvernent de ce que l'objet mal démêlé qu'ils poursuivent, et qu'ils ont raison de poursuivre, ne leur est pas donné. C'est pourquoi, à la place des hommes qui règnent, ils veulent toujours d'autres hommes ; à la place des formes établies, d'autres formes ; à la place de l'ordre social et des lois existantes, un autre ordre social et d'autres lois ; persuadés que la cause du mal étant dans le gouvernement, dans les lois, dans l'organisation de la société, en changeant tout cela, il auront ce qu'ils désirent ; et point du tout, quand ils ont tout changé, ils se sentent tout aussi malheureux et tout aussi mécontents qu'auparavant. C'est que ces changements ne sont que des changements matériels et nullement un changement moral, et que c'est à un changement moral que les âmes aspirent ; c'est qu'aussi longtemps que les solutions des questions suprêmes, au nom desquelles on peut organiser la société d'une manière vraie et conforme aux besoins qui sont dans les esprits, ne seront pas trouvées, on tournera toujours dans le même cercle vicieux et dans la même impuissance. »

(*Droit naturel*, 10ᵉ *leçon*, *Th. Jouffroy*.)

Pl. 3. *Application de la* 5ᵉ *partie (signes doubles et mots arbitraires).*

« Il est de règle *générale* que les *chemins de fer* soient soumis à *plusieurs délibérations ;* ces sortes de *propositions* donnent lieu à des *rapports* savants et *développés.* En *général,* les *questions industrielles, comme* celles qui intéressent les *ponts et chaussées*, soulèvent, en *législation*, des *difficultés* très-grandes dans l'application des *dispositions* des lois anciennes. — La *liberté*, l'*honneur*, sont les biens les *plus* précieux pour les nations *comme* pour les *individus*.—Les *compagnies industrielles* se multiplient; les concessions à *perpétuité* sont le prix des services *civils* et des actions *militaires* éclatantes. — *Examinons* pourtant les cahiers des charges et *comprenons* bien la variété de *connaissances* qu'exige la rédaction de ces actes *difficiles* et *importants* sous le régime de la constitution actuelle et de la précédente dans ses rapports avec les *besoins matériels*. —La constitution civile du clergé, plus que sa constitution religieuse, a été et sera longtemps encore une des *difficultés* les *plus* sérieuses du *gouvernement*. —*Il y a* un commencement à tout et malheureusement une fin *rapide* et souvent imprévue.»

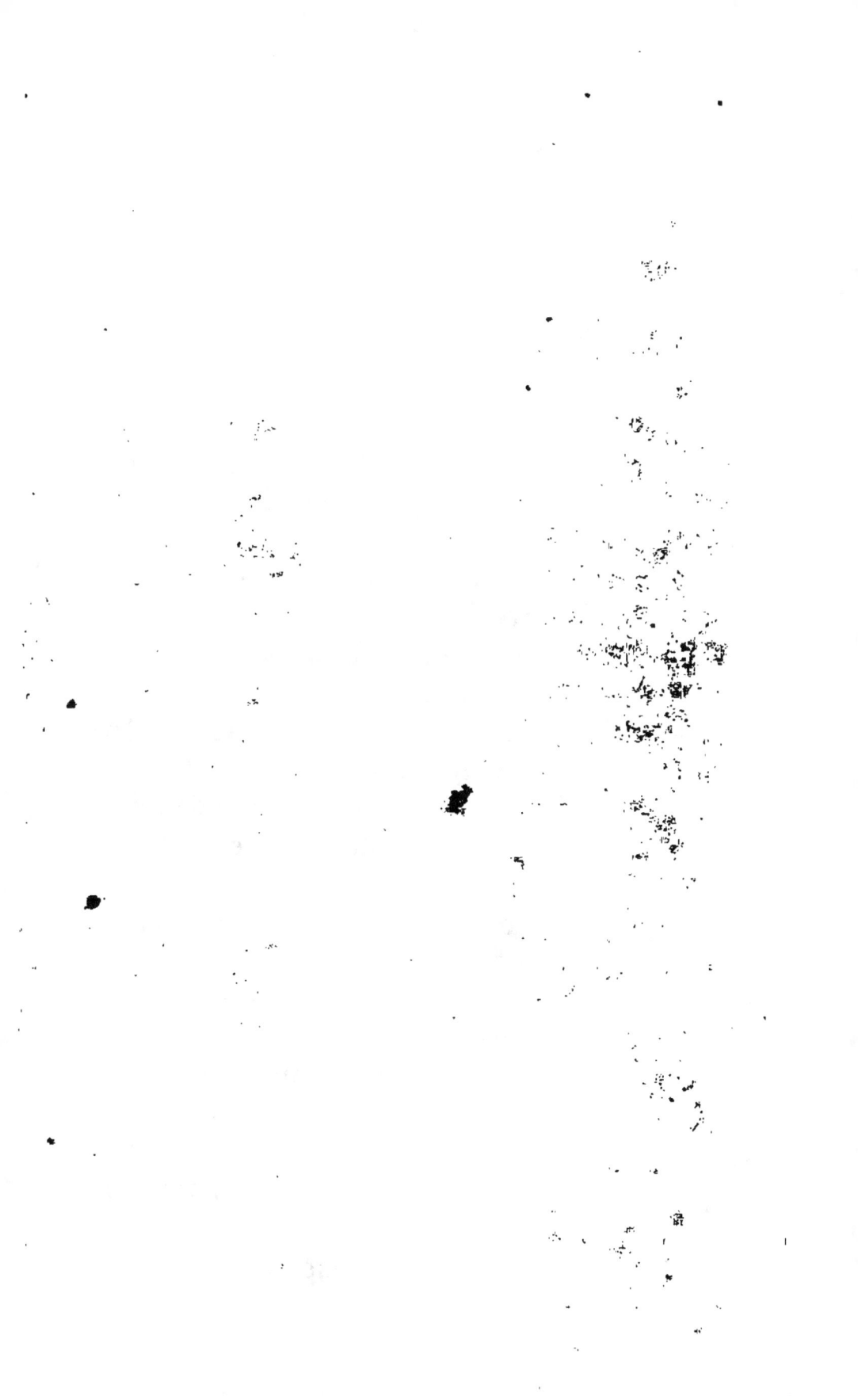

APPENDICE.

―――――

CURIOSITÉS HISTORIQUES.

En 1847, dans une des séances secrètes de la chambre es Pairs, consacrée à la discussion de son budget intéieur, un de ses orateurs les plus autorisés et les plus loqaents s'exprimait ainsi :

« Il importe de constater l'immense progrès qui a é réalisé dans le service officiel du compte-rendu de os travaux ; ce n'est pas trop d'affirmer que les avanages et la commodité de ce service ont été doublés et éme triplés depuis 10 ans, et il est facile de calculer ombien l'*honneur et la dignité morale de la Chambre nt gagné à ce progrès...* » — Et la Chambre de sancᐧonner cet éloge flatteur par le vote unanime du chiffre emandé.

Or, l'organisation de ce service si honorablement raité, si haut placé dans l'estime du premier corps poliique de ce temps, avait été lente, laborieuse, difficile. ᐧest après bien des hésitations, des tâtonnements et es efforts qu'elle avait acquis la sûreté qui lui avait enfin oncilié non-seulement l'approbation du parlement franais, mais (et j'en ai dans les mains de nombreux et récieux témoignagnes) l'admiration des hommes poliᐧques de l'étranger.

Il m'a donc paru d'un véritable intérêt historique de

placer, à la suite de cette sixième édition, une étude
rétrospective publiée en 1848 dans l'un de nos grands
journaux politiques, aux premiers jours de la réunion
de l'Assemblée constituante, sur l'organisation du service de la sténographie officielle.

Mais ce document eût été incomplet, s'il n'avait pas
été suivi d'une note plus étendue dans laquelle, en
1851, pour obéir au vœu d'une commission de l'Assemblée législative, je résumai les observations que j'a-
vais été appelé à développer devant elle.

Pour mettre un terme aux infidélités qui, en sens
divers, déshonoraient le compte-rendu des journaux
politiques (autres que le *Moniteur universel*), M. Emile
de Girardin, membre de l'Assemblée législative, avait
proposé d'imposer aux journaux un compte-rendu unique. La pensée était honnête ; aussi la proposition obtint-
elle, pour sa prise en considération, une sorte d'accla-
mation sur tous les bancs. Une commission fut aussitôt
nommée pour préparer la mise en œuvre. Alors surgirent
d'assez grandes difficultés d'exécution et de principes.
Le garde des sceaux, au nom du gouvernement, l'auteur de la proposition, le directeur de l'imprimerie
Nationale, le célèbre typographe Firmin-Didot, les
rédacteurs en chef et les gérants des journaux politiques, plusieurs autres personnes compétentes, et enfin
le chef du compte-rendu sténographique officiel, furent
successivement et contradictoirement entendus. En
définitive, après un rapport de M. Mortimer-Ternaux,
l'Assemblée rejeta la proposition comme non suffisamment étudiée. La note produite par moi à cette occa-

ion, et imprimée par ordre de la commission, renferme
ur les habitudes parlementaires se rattachant à la ré-
action officielle du compte-rendu du *Moniteur*, des
étails qui parurent intéresser les hommes politiques de
'époque; elle peut fournir un jour à un chapitre de
'histoire parlementaire des assemblées républicaines,
es renseignements authentiques de quelque valeur à
a suite de la première étude. C'est ce qui nous engage
la déposer ici.

I.

ORGANISATION DE LA STÉNOGRAPHIE OFFICIELLE DE L'ASSEMBLÉE CONSTITUANTE (1).

«La proposition du *Bulletin parlementaire*, faite il y
quelques années par M. Golbéry, a, pour la première
is, appelé l'attention des chambres sur la situation de
art sténographique dans notre pays, et sur celle des
ommes qui l'appliquent au compte-rendu officiel des
ébats parlementaires du *Moniteur universel*.

«Le premier fait constaté, dans un rapport de M.
ervé sur cette proposition, fut que la sténographie
tait d'une pratique très-difficile, et les bons et com-
lets sténographes fort peu nombreux.

«Les personnes qui ont eu occasion de réfléchir à la
ission des chefs de ce service, et au secours qu'ils
euvent trouver, pour la remplir, dans un exercice plus

(1) Cet article parut dans le numéro du 19 juin 1848 du *Constitu-
onnel*.

ou moins habile de la sténographie, savent que, sans l'intelligence des matières discutées, le procédé graphique (quelle que soit la méthode) est sujet aux déviations, aux écarts les plus incroyables. L'on peut, avec raison, appliquer à l'art abréviateur ce qu'en agriculture l'on dit de la terre : *tant vaut l'homme, tant vaut la sténographie.*

« Il suffit dès lors d'embrasser par la pensée les questions si variées de droit proprement dit, de législation générale, d'administration, d'économie politique, de finances, de commerce, d'industrie, de droit public, de politique générale, intérieure ou extérieure, sujets habituels des débats parlementaires, pour s'expliquer la rareté des bons rédacteurs sténographes. Cette rareté, lors de la constitution indépendante et séparée du service de la chambre des pairs, il y a quelques années, ne laissa pas sans inquiétude sur les conditions d'avenir de la publicité officielle de la chambre des députés, les hommes politiques qui furent, à cette époque, appelés dans les commissions à s'occuper de cette question d'organisation intérieure.

« On s'est accordé depuis à reconnaître que ce fâcheux état de choses tenait principalement au défaut d'encouragements et de garanties où avait été laissée cette ho norable et utile profession : *Honos alit artes.* Auss M. Léon de Maleville disait-il l'année dernière (1847) dans un rapport fait à la chambre des députés au no de la commission chargée de la réorganisation du *Mo niteur :*

« Il faut appeler à cette carrière, vouée d'ailleurs

» l'obscurité la plus modeste et déshéritée de tout reflet
» extérieur, des hommes d'élite qui renoncent à toute
» gloire personnelle pour se faire les échos fidèles des
» renommées de la tribune ; et, quand on songe à la
» réunion des qualités qu'exige l'exercice de leur pro-
» fession, il y a lieu de regretter que les encourage-
» ments qui leur sont dus se soient fait si longtemps
» attendre... »

Plus loin :

« La commission a pensé enfin, qu'attacher les sté-
» nographes au service de la chambre, c'était substi-
» tuer la dignité d'une carrière honorable à l'humilité
» d'un ingrat métier, et que la chambre ne pouvait faire
» moins pour ceux qui se dévouent à l'éclat et à la ma-
» nifestation de son existence extérieure, et qui recueil-
» lent pour l'histoire les plus importants souvenirs... »

Et enfin :

« Son opinion est si bien arrêtée à cet égard, qu'elle
» n'hésite pas à déclarer que, dans sa pensée, *tout es-*
» *poir d'amélioration et de perfectionnement dans le*
» *service sténographique* est subordonné à l'adoption
» de la mesure qu'elle propose (l'annexion du corps
» sténographique à l'administration de la chambre) (1). »

« L'année dernière, l'honorable M. Léon Faucher crut

---

(1) Cette mesure avait été couronnée d'un plein succès à la chambre
des pairs ; les chambres de Belgique et d'Espagne nous avaient de-
vancés dans cette voie.

Le service sténographique de la diète prussienne et celui des chambres du royaume de Sardaigne, organisés sur des plans fournis par l'auteur de cet article, ont tout d'abord offert la garantie d'une position
administrative aux rédacteurs-sténographes.

devoir recommander à la commission de la chambr
des députés le mode d'opérer des *reporters* des grand
journaux anglais, et, faute d'avoir été complètemen
édifié sur l'ensemble de notre organisation sténographique officielle, le savant et ingénieux auteur des *Lettres
sur l'Angleterre* proposa, comme modèle à notre imitation, un procédé évidemment insuffisant, et créé pour
répondre à des habitudes, à des besoins différents des
nôtres. Il faut remarquer, en effet, qu'il n'existe en
Angleterre que des journaux libres, sans responsabilité
spéciale, sans attache officielle pour leur compte-rendu
parlementaire. Dès lors on ne saurait, sous ce rapport,
comparer les feuilles anglaises qu'à nos journaux politiques, au *Journal des Débats*, au *Constitutionnel*,
etc., etc. Il n'y a pas en Angleterre un bulletin quotidien
des discussions du parlement, les publiant *in extenso*,
comme notre *Moniteur universel*.

« Dans les conditions d'une reproduction réduite, choisie, des parties les plus intéressantes d'une séance, nous
n'avons pas de peine à reconnaître le mérite de la rédaction des journaux anglais ; encore serait-il injuste
de l'opposer sans réserve à celle du compte-rendu de
quelques-uns de nos journaux, et notamment à la version toujours si intelligente, si précise, si vraie dans sa
condensation, de l'habile *reporter* du *Constitutionnel*,
M. Tardieu.

« C'est par erreur que M. Léon Faucher avait, à l'appui d'une préférence non suffisamment éclairée, cité
avec bienveillance les succès du service sténographique de l'ex-chambre des pairs, que j'avais l'honneur de

diriger à cette époque. Dans cette assimilation de procédés, c'est-à-dire la succession des sténographes par quart-d'heure, il avait constamment négligé un élément essentiel de notre travail, celui de *la révision*, qui donne à la rédaction primitive la garantie d'un contrôle.

« Essayons d'expliquer en quelques lignes le mécanisme de l'organisation actuelle du compte-rendu officiel. •

« Le travail est confié à deux catégories de sténographes, fonctionnant d'une manière distincte, mais simultanée et concordante, et dénommées, l'une le *roulement*, l'autre la *révision*.

« Deux sténographes sont constamment placés, face à face, comme deux augures, au pied de la tribune, à droite et à gauche. L'un, le sténographe du *roulement*, prend deux minutes de notes abréviatives, qu'il va immédiatement traduire en écriture usuelle sur une table placée dans le couloir de la chambre, qui répond au côté de la tribune où il écrit. Un second lui succède et épète la même opération ; il en est jusqu'à dix que l'on eut successivement compter faisant ce *roulement*. Le remier, qui a donc eu, pour transcrire ses notes en aractères ordinaires, neuf fois les deux minutes de stéographie, employées par ses collaborateurs, avant que on tour ne revienne, temps plus que suffisant pour cette ranscription, recommence le manège, et ainsi de suite. a copie de la séance, traînée à la remorque par la discussion, la suit à vingt minutes près, et se termine ainsi rès-peu de temps après la clôture des travaux de l'Assemblée.

« Voilà le résultat vraiment curieux sous le rapport de la rapidité, obtenue par l'extrême subdivision de l'œuvre sténographique ; vingt à trente colonnes du *Moniteur* sont rédigées, livrées au fur et à mesure à l'impression, et, trois quarts-d'heure au plus après la clôture de la séance, l'imprimerie est saisie des derniers feuillets de la rédaction.

« Cependant nous nous associons, jusqu'à un certain point, aux critiques de M. Léon Faucher sur les conséquences de l'excès du morcellement dans un travail pour lequel le mécanisme a d'autant plus de valeur qu'il est plus puissamment secondé par l'intelligence de l'artiste. Cette subdivision excessive, *deux minutes*, ne pourrait-elle avoir pour effet d'arrêter l'essor général de la dextérité graphique, et, chose plus grave, celui du développement des facultés supérieures des sténographes dits *rouleurs*, de contenir enfin pour eux les progrès attachés à une application, sur de plus larges proportions, de l'art abréviateur (1)?

« Mais là n'est pas la question. Ces inconvénients, tout personnels, n'infirment en aucune façon la valeur générale de l'opération mécanique complexe du système actuellement pratiqué, car les erreurs, conséquence souvent forcée de la situation d'un sténographe qui, tombé inopinément et comme des nues au milieu d'une phrase, d'un sens, sans savoir ce qui a précédé et ce qui va

(1) En 1830, le *Moniteur* n'avait auprès des deux chambres, pour répondre aux exigences des travaux parlementaires gigantesques qui suivirent la révolution de juillet, que trois rédacteurs : MM. Delsart, Célestin, Lagache, depuis membre de l'assemblée constituante, et l'auteur de cet article. L'école fut rude pour ces pionniers de l'art sténographique.

suivre, se trouve pendant *deux minutes* enserré dans un cercle étroit de texte brutalement littéral; ces erreurs, dis-je, sont réparées par le sténographe de l'autre catégorie, le sténographe de la *révision*, celui-là seul sur qui, en définitive, pèse la responsabilité de la rédaction officielle.

« Or, voici comme procède le *réviseur :*

« Il sténographie un quart-d'heure de suite, de manière à pouvoir embrasser une portion appréciable d'improvisation, et, à l'aide de ses notes de contrôle, il corrige, *révise* les feuillets correspondants écrits par les rouleurs.

« Pour qu'un sténographe réviseur ne soit pas arrêté par mille hésitations dans l'exécution de son travail, il doit s'y préparer par les études les plus consciencieuses des questions à l'ordre du jour, et s'assimiler, par une lecture attentive, tous les documents officiels, exposés des motifs, rapports, etc., qui peuvent lui en faciliter l'intelligence.

« Nous sommes convaincu, quant à nous, qu'il n'est pas d'improvisation, et nous ne parlons que des meilleures, qui puisse supporter sans dommage une reproduction judaïquement littérale. Or, le réviseur sténographe qui comprend de haut sa mission, ne saurait apporter trop de soin à cette partie, qui consiste, tout en conservant à chaque orateur sa physionomie individuelle, à émonder sa traduction textuelle des membres de phrases et de mots parasites, à opérer la suppression ou la modification de ces locutions insuffisantes par lesquelles passe toujours plus ou moins laborieusement la pensée du véritable improvisateur avant d'atteindre l'expression **exacte**; à resserrer, à clarifier la forme souvent diffuse, étendue, à réaliser enfin avec prudence et réserve cette révision grammaticale, et littéraire dans de certaines limites, œuvre de goût et de tact, dont le plus grand mérite est précisément de dérober ses traces au lecteur, à l'orateur lui-même.

« Le sténographe qui néglige ce point de vue n'a certainement pas réfléchi sérieusement aux exigences de sa profession. Il n'a pas été frappé comme il convenait des différences essentielles qui existent entre le style parlé et le style écrit; différences qu'il s'agit de faire, autant que possible, disparaître dans la traduction. La fidélité d'un tel sténographe sera cruelle; elle fera le désespoir du lecteur autant que celui de l'orateur. Il n'y aura plus là une traduction, mais une trahison : *traduttore, traditore.* Sa sténographie inexorablement *exacte* ne sera plus l'image de la parole, elle en offrira la charge, la caricature; car le discours qui aura charmé, convaincu, entraîné l'auditeur, heurtera, fatiguera, irritera le lecteur. Ainsi Berryer, le puissant et fougueux orateur, se traînera lâche et sans couleur ; Thiers, ce modèle de la langue claire et facile des affaires, sera prolixe et délayé ; Dupin, au tour précis et incisif, deviendra inintelligible par suite des incidences multipliées dont l'enchevêtrement suspend, contrarie, détruit souvent l'économie de la période oratoire.

«Savez-vous, grâce au sténographe, esclave inintelligent du verbe matériel, quel est l'homme qui, sur le témoignage du *Moniteur,* offrira relativement le modèle accompli du style oratoire ? C'est le parleur froid et correct qui marche, sans ambages et sans circonlocutions, droit à son but, y arrive... mais tout seul, déshéritée qu'est sa parole de cette puissance torrentielle du véritable orateur, qui remue les passions, ébranle les convictions, et finit par entraîner après elle les consciences, les cœurs, les imaginations de tous ceux qui se trouvent sur son passage. En un mot, l'orateur-type sera celui qui *parle comme un livre*, c'est-à-dire qui n'est pas orateur.

« On a calculé que deux minutes d'improvisation, à la tribune française, représentaient, en moyenne, 30 lignes du *Moniteur*, c'est-à-dire 300 mots ; d'où résulte pour le sténographe, et dans les cas les plus ordinaires, l'obligation de recueillir 150 mots par minute. Mais l'expérience a constaté que, chez quelques orateurs que nous pourrions désigner, le maximum dépasse cette évaluation, et atteint 20 lignes, qui donnent le chiffre de 200 mots par minute.

« A ce sujet, M. Léon de Maleville, dans son rapport, rappelle que « Gibbon, émerveillé du talent oratoire déployé par Shéridan dans la mémorable discussion du procès d'Hastings, eut la curiosité de savoir du sténographe combien de mots un orateur rapide pouvait prononcer en une heure. — 7,000 à 7,500, lui fut-il répondu. Or, la moyenne de 7,200 donne 120 mots par minute, soit 2 mots par seconde.» « On voit, — ajoute » l'honorable rapporteur, que notre impétuosité oratoire l'emporte encore sur celle des orateurs anglais.»

« Mais il est des observations d'une autre portée, qui n'ont certainement pas échappé au sténographe intelligent, et qui soigneusement recueillies pourraient n'être pas sans quelque intérêt. Après avoir promené pendant vingt ans son stylet, trop souvent son scalpel, sur tous ces verbes variés qui ont préparé, hâté, modifié, contrarié tant d'actes aujourd'hui historiques, et avoir été à même d'étudier dans cet exercice au triple point de vue physiologique, pathologique et anatomique, la vie, l'éclat, le néant de la parole, l'auteur de cet article aurait bien en effet, grâce à tous les petits secrets de la mécanique oratoire qu'il a surpris dans sa pratique professionnelle, à offrir aussi quelques conseils utiles à l'usage des hommes politiques ; et le chapitre que cette expérience lui permettrait d'ajouter à toutes les rhétoriques anciennes modernes n'en serait peut-être pas le moins curieux, le moins piquant et le moins instructif.

Mais hâtons-nous de rentrer dans le sujet spécial de cette étude, à savoir l'organisation actuelle d'une sténographie capable de répondre aux immenses besoins de la publicité officielle des travaux de l'Assemblée nationale.

Dans sa constitution actuelle, le service, quoique trop exclusivement mécanique, est suffisant ; il sera amélioré, élevé, *intellectualisé*, qu'on nous passe le barbarisme, dans toutes ses parties, avec le temps ; les convictions et les habitudes ne se changent pas en un jour. Tous les progrès seront d'ailleurs possibles, alors que la mesure de l'annexion à laquelle M. Léon de Maleville a lié avec raison l'avenir de l'art abréviateur aura enfin associé plus étroitement au corps politique les hommes laborieux qui, pour le répéter en finissant, avec l'honorable représentant de Tarn-et-Garonne, *se dévouent à l'éclat et à la manifestation de l'existence extérieure des assemblées politiques, et qui recueillent pour l'histoire les plus importants souvenirs.*

HYPPOLYTE PRÉVOST.

II.

NOTE ANALYTIQUE

Des observations développées par le chef de la sténo-graphie officielle de l'assemblée législative *devant la commission chargée d'examiner la proposition de* M. Émile de Girardin, relative à un compte-rendu unique pour tous les journaux autres que le Moni-teur universel.

« Nous nous bornerons, en commençant cette note, à indiquer quelques-uns des travaux récents que la commission peut consulter avec intérêt, et où la question du compte-rendu officiel, en soi et dans ses rapports avec la publicité des journaux, est posée ou traitée avec plus ou moins d'autorité :

« 1c Le rapport de **M. Hervé**, sur la proposition Golbéry ;

« 2º Le rapport de **M. Léon de Maleville**, sur l'or-ganisation de la sténographie du *Moniteur ;*

« 3º Le rapport de **M. Th. Ducos**, sur l'institution de la sténographie officielle à l'Assemblée nationale.

COMPTE-RENDU UNITAIRE.

« Raisonnons d'abord dans l'hypothèse du compte-rendu unique, et déterminons les conditions générales de son organisation, sans nous inquiéter, quant à pré-sent, des obstacles contre lesquels l'idée-mère de la proposition peut venir se heurter en passant du désir,

de la théorie, à la pratique, à l'application. Ces difficultés seront signalées en leur temps, dans l'exposé successif des moyens divers d'exécution qui se présentent
tout d'abord à l'esprit des hommes spéciaux.

Conditions générales d'exécution.

« Il importerait, pour rendre accessible au plus grand
nombre la lecture quotidienne d'un compte-rendu des
séances, de le réduire habituellement à une étendue
d'environ six colonnes du *Moniteur* (1), soit un demi-
supplément.

« Mus par un sentiment de scrupuleuse probité, les
rédacteurs devraient s'attacher à donner, autant que
possible, à toutes les opinions et à tous les faits intéres-
sants de la séance, une égale satisfaction.

« Mais, quelle que soit la loyauté des intentions, on ne
saurait compter sur un résultat marqué au cachet d'une
impartialité absolue. L'impartialité, dans ses limites extrêmes, est inconciliable avec toute réduction. Qui dit
réduction, implique choix, partant appréciation, jugement, préférence ; or, ce sont là autant de dispositions
variables, en raison des lumières, des opinions, des sen-
timents, des préjugés, si l'on veut, de chaque individu.

« Dans tous les cas, l'impartialité ne saurait consister
dans la proportionnalité des textes. Tels orateurs appartenant aux diverses fractions de la Chambre conti-
nueraient à être plus ou moins sacrifiés dans le compte-
rendu comme ils le sont dans la séance ; tandis qu'il en

(1) Il s'agissait de l'ancien format du *Moniteur*, qui était de moitié moins grand que celui d'aujourd'hui.

est d'autres, ministres, rapporteurs, chefs d'opposition,
etc., etc., dont les discours, quelle que soit leur éten-
·due, devraient subir peu de coupures.

« De là, d'incessantes réclamations de détail, de nature à contrarier, à compromettre, jusqu'à un certain
point, le succès de l'entreprise d'un compte-rendu unitaire, si ses rédacteurs avaient, comme les agents de la
sténographie officielle du *Moniteur universel*, un caractère public. Aussi, dans notre opinion, et c'est là un
point capital, cette mission ne saurait être confiée qu'à
une entreprise privée qui la remplirait à ses risques et
périls, et sous sa responsabilité, à l'aide d'une subvention, si la rétribution équitable imposée à chaque journal pour le service rendu, ne suffisait pas à donner aux
hommes préposés à cette œuvre une position en rapport avec leur intelligence.

« Cette situation ne serait pas nouvelle ; il y a 25 ou 30
ans, pendant les premières années de la Restauration,
le *Moniteur* n'était pas entièrement fait par des sténographes. Sa rédaction se trouvait donc soumise aux objections qui atteignent les réductions.

« La subvention aurait ici le caractère qu'elle conserve
vis-à-vis de beaucoup d'entreprises d'un intérêt mixte,
à la fois privé et public, telles que les directions de nos
grands théâtres, etc., etc.; elle serait une simple prime
d'encouragement. De cette manière, l'attache qui en
résulterait étant moins étroite, engagerait moins direc-
ement aussi la responsabilité du pouvoir qui donnerait
a subvention. Chaque année, l'Assemblée serait appe-
ée, à l'occasion du vote de ce subside, à apprécier ce

qu'auraient de fondé les réclamations souvent suscitée
par les prétentions, par les amours propres individuels
L'immense majorité des représentants, désintéressé
dans la question, ferait sans aucun doute bonne justice
en confirmant l'entreprise dans les mêmes mains, s
elles s'en étaient montrées dignes, ou en la confiant
d'autres offrant plus de garanties.

« Là n'est donc pas la difficulté.

« Examinons quelques-unes des solutions pratique
propres à donner vie et mouvement à la pensée qui
dicté la proposition d'un compte-rendu unitaire.

SOLUTIONS APPUYÉES SUR LE MONITEUR.

Communication rapide et complète des épreuves d Moniteur.

« Ne pourrait-on pas faire imprimer au fur et à me
sure les feuillets destinés au *Moniteur* après une ra
pide révision sténographique, de façon à mettre heur
par heure des épreuves à la disposition des journaux

« Matériellement, rien ne serait plus facile ; un *Moni
teur* tel quel peut être rédigé, imprimé complètemer
entre 8 et 9 heures du soir ; mais, en vue des améliora
tions que le chef de la sténographie officielle s'efforce
aux encouragements du Bureau de l'Assemblée, d'in
troduire dans le compte-rendu de ses travaux, il y
des objections capitales à élever contre toute préten
tion absolue d'imposer à cette œuvre intellectuelle de
nécessités mécaniques qui la priveraient, dans certai

cas, du bénéfice de quelques heures de la soirée, consacrées à une révision plus attentive, plus réfléchie, plus précise des parties délicates de la rédaction.

« Le transfert de l'imprimerie dans une des dépendances du palais de l'Assemblée serait une des conditions essentielles du succès de cette combinaison, contre aquelle s'élèvent des difficultés graves de pratique.

« En effet, il arriverait quelquefois que la privation de notes, de documents, de calculs, de citations, retenus par l'orateur jusqu'après la séance, ou dont la copie aurait entraîné des lenteurs, occasionnerait des lacunes dans la communication en temps utile des épreuves du *Moniteur*. La révision des orateurs, et même celle des agents supérieurs du *Moniteur*, la première toujours, et la seconde souvent inconciliable avec une excessive rapidité, devrait alors, sous peine d'entraver le mécanisme, n'avoir jamais lieu que sur l'épreuve.

« De là deux versions, dont les différences inévitables serviraient quelquefois de texte à une polémique fâcheuse. La première version, celle qui aurait été communiquée aux journaux, ayant un caractère spontané, serait opposée, avec un semblant de raison, à la seconde, à la version définitive, méritant cependant plus de créance, puisqu'elle serait le fruit de soins plus complets, plus réfléchis.

« Ainsi, en fait et dans son autorité à peu près incontestée aujourd'hui, la rédaction officielle souffrirait plus ou moins de l'excès d'accélération imposée à son exécution, sans que les journaux à grand tirage pussent *tous les jours* trouver dans des communications régulières assez rapides *tous* les éléments de leur compte-rendu.

« Cette solution soulève la question d'intervention des orateurs dans l'œuvre de la sténographie officielle : question depuis longtemps jugée par les hommes politiques qui prennent une part habituelle aux débats de l'Assemblée, mais sur laquelle un grand nombre de leurs collègues, obéissant aux plus honorables préoccupations, ne paraissent pas suffisamment édifiés.

Révision des orateurs.

« 1º Doit-on absolument proscrire la communication aux orateurs ?

« 2º En cas de communication, convient-il de la faire en feuillets ou en épreuves ?

« Sur le premier point, nous dirons qu'en fait, par une solution négative on tenterait vainement de contrarier réglementairement des habitudes entrées dans les mœurs parlementaires (1).

« D'ailleurs, cette révision, lorsqu'elle est exercée avec réserve et loyauté, ne mérite pas les préventions dont elle a été quelquefois l'objet.

« Il n'est pas d'improvisation, avons-nous dit ailleurs,

(1) Les prescriptions émanées à ce sujet des délibérations collectives du Bureau et de la Commission de comptabilité sous la Constituante de 1848, n'ont *jamais* été obéies. Les membres eux-mêmes qui avaient concouru à ce règlement intérieur, s'ils n'ont pas donné, ont au moins, pour la commodité de leur pratique, parfaitement suivi l'exemple du plus complet oubli des prohibitions relatives à la communication directe des feuilles aux orateurs.

» et nous parlons des meilleures, qui puissent suppor-
» ter sans dommage une reproduction judaïquement
» textuelle. Or, le sténographe qui comprend de haut
» sa mission, ne saurait apporter trop de soin à cette
» partie, qui consiste, tout en conservant à chaque ora-
» teur sa physionomie individuelle, à émonder sa tra-
» duction littérale des membres de phrases et des mots
» parasites, à opérer la suppression ou la modification
» de ces locutions insuffisantes par lesquelles passe tou-
» jours plus ou moins laborieusement la pensée du véri-
» table improvisateur, avant d'atteindre l'expression
» exacte ; à resserrer, à clarifier la forme souvent dif-
» fuse, étendue ; à réaliser enfin avec prudence et ré-
» serve cette révision grammaticale et littéraire dans
» de certaines limites, œuvre de goût et de tact, dont
» le plus grand mérite est précisément de dérober ses
» traces au lecteur, à l'orateur lui-même.

  » Le sténographe qui néglige ce point de vue n'a cer-
» tainement pas réfléchi sérieusement aux exigences
   de sa profession. Il n'a pas été frappé comme il convenait des différences essentielles qui existent entre
 › le style parlé et le style écrit ; différences qu'il s'agit
 › de faire, autant que possible, disparaître dans la traduction. La fidélité d'un tel sténographe sera cruelle :
 › elle fera le désespoir du lecteur autant que celui de
   l'orateur. Il n'y aura plus là une traduction, mais une
 › trahison : *traduttore, traditore*. Sa sténographie
 › inexorablement *exacte* ne sera plus l'image de la pa-
 › role ; elle en offrira la charge, la caricature : car le
   discours qui aura charmé, convaincu, entraîné l'audi-

» teur, heurtera, fatiguera, irritera le lecteur. Ainsi
» Berryer, le puissant et fougueux orateur, se traînera
» lâche et sans couleur; Thiers, ce modèle de la lan-
» gue claire et facile des affaires, sera prolixe et dé-
» layé; Dupin, au tour précis et incisif, deviendra inin-
» telligible par suite des incidences multipliées dont
» l'enchevêtrement suspend, contrarie, détruit souvent
» l'économie de la période oratoire.

» Savez-vous, grâce au sténographe, esclave inintel-
» ligent du verbe matériel, quel est l'homme qui, sur
» le témoignage du *Moniteur*, offrira le modèle ac-
» compli du style oratoire? C'est le parleur froid et
» correct, qui marche sans ambage et sans circonlocu-
» tion droit à son but, y arrive... mais tout seul, dés-
» héritée qu'est sa parole de cette puissance torren-
» tielle du véritable orateur, qui remue les passions,
» ébranle les convictions, et finit par entraîner après
» elle les consciences, les cœurs, les imaginations de
» tous ceux qui se trouvent sur son passage. En un
» mot, l'orateur type sera celui *qui parle comme un*
» *livre*, c'est-à-dire qui n'est pas orateur. »

« MM. Guizot et Jules Favre, orateurs éminents, re-
marquables par l'excessive correction de leur parole,
confirment, par l'exception, la vérité de l'observation
générale.

« La nécessité de la révision d'une improvisation,
étant admise dans de certaines limites, qui, mieux que
l'orateur, est à même de la faire avec sûreté, rapidité
et intelligence?

« Il est naturel et juste que des hommes politiques, des

législateurs, dont la responsabilité va être définitivement engagée, désirent et puissent s'assurer si leur pensée n'a pas subi, par le fait d'une rapide improvisation, ou par suite de la traduction sténographique, de regrettables altérations. En Angleterre, où il n'existe pas, comme chez nous un compte-rendu offrant dès le lendemain le texte officiel des délibérations politiques, le recueil parlementaire mensuel de Hansart jouit d'une grande autorité; il est l'œuvre de la *révision faite après coup par les orateurs* sur leurs discours publiés d'abord incomplètement par les divers journaux.

« L'intervention des orateurs est quelquefois d'ailleurs indispensable. Sur des matières spéciales, ce concours est réclamé par les sténographes les plus habiles, les plus intelligents; pour s'en passer, il leur faudrait des préparations encyclopédiques et une confiance qu'ont seuls parmi nous les sténographes les moins expérimentés (1).

« Eh bien! si pour mettre à couvert sa responsabilité, le rédacteur-sténographe est souvent contraint de solliciter le concours de l'orateur, peut-il y mettre de rigoureuses conditions? Non; il se trouve nécessairement à la

(1) Faisons à ce sujet un appel à des souvenirs de l'époque. Croiton que la conversation de procédure qui eut lieu sur le projet relatif au partage des terres vaines et vagues, au milieu des distractions de l'Assemblée, entre cinq ou six jurisconsultes, eût pu conserver une complète pureté de texte, être à l'abri des écarts de la plume sténographique, et faire autorité auprès des tribunaux, si, après la séance, dans le courant de la soirée, MM. Favreau, Chégaray et le Ministre de la justice n'eussent revu obligeamment notre rédaction, non-seulement en ce qui les concernait, mais sur notre invitation, dans tout son ensemble? — Et la loi sur la réforme hypothécaire?

merci des convenances de cet orateur. Le président de
l'Assemblée, un ministre, un rapporteur, dont la soirée
est prise par des devoirs publics, des relations de famille
ou de société, etc., etc., peut *sine quâ non* exiger une
communication immédiate des feuillets ; lui opposer un
refus ou lui offrir les épreuves dont il ne veut pas, serait se priver d'une collaboration *nécessaire*.

« D'ailleurs, en principe, nous voyons plus d'avantages
que d'inconvénients à la communication en feuillets.
Elle permet au sténographe de s'assurer sur épreuve,
à une heure peu avancée de la soirée, qu'ils n'ont pas
subi de fâcheuses altérations. L'imprimerie reste au
moins, aussitôt après la réception de la copie corrigée,
maîtresse absolue de son œuvre jusqu'au tirage ; tandis
que, par suite de la gêne qu'impose à l'orateur la révision sur épreuve, ce mode de procéder entraîne d'é-
normes dépenses, des surcharges de corrections qui
causent d'*irréparables* erreurs typographiques ; car le
renvoi des épreuves revues par les orateurs n'ayant
lieu, dans les circonstances importantes, qu'à une heure
assez avancée de la soirée, même de la nuit, ce ne serait
que vers une ou deux heures du matin que l'épreuve
corrigée typographiquement pourrait permettre aux
sténographes de s'assurer si les orateurs n'ont pas com-
mis d'écart dans leur révision.

« Cependant, malgré ces inconvénients, la révision sur
épreuves est encore inévitable, tant les nécessités du
service complexe du compte-rendu sténographique sont
variables et résistent à l'uniformité des règles. L'orateur
qui a parlé souvent ou longtemps (rapporteur, ministre,
auteur d'amendements, etc.), qui n'a pu se distraire de

la discussion, ne saurait pourtant, sans indiscrétion et
sans dommage général, exiger que l'on réserve ses
feuillets pour en commencer la révision seulement une
heure après la séance, ce qui suspendrait indéfiniment
l'œuvre de la typographie. Dans ce cas, la révision est
faite par les agents du *Moniteur* avec soin et célérité,
et l'orateur n'a satisfaction, s'il le désire, que sur
épreuve.

« Nous avons eu l'honneur de mettre sous les yeux
de la commission le résultat d'une révision d'ensemble
opérée sur les épreuves d'une récente séance (1), déjà
révisée et mise en état par les sténographes de l'Assemblée. Ce travail a entraîné la recomposition d'un
certain nombre de colonnes. Ces corrections, en com-
plétant ou modifiant, sur plusieurs points, le texte arrêté à 7 heures du soir, ont évidemment amélioré l'œuvre sténographique. Il était plus de minuit lorsque cette
révision supérieure a pu être remise à l'imprimerie, qui
n'a dû terminer son œuvre, impression et correction,
que vers 2 ou 3 heures du matin. Eût-il été prudent de
livrer *officiellement* aux journaux la version primitive ?

« L'année dernière (2), l'incident tumultueux auquel
donna lieu le mot *catastrophe* prononcé par M Rouher
fut reproduit par quatre ou cinq journaux de Paris et
plusieurs feuilles de province, d'après la version du
Moniteur ; il en fut de même du drame scandaleux et
burlesque du lendemain, où des grognements, des cris
de bête plus ou moins inarticulés accompagnèrent la

(1) La séance des interpellations sur le régime des prisons.
(2) En 1850.

parole du ministre de la justice, cris croissant ou mourant, suivant que M. le président braquait sa lorgnette du côté de l'agitation pour saisir quelques-uns de ses principaux acteurs, ou la portait d'un autre côté.

« Eh bien ! ces deux tableaux qui paraissent avoir saisi par leur vérité pittoresque, n'ont été arrêtés dans tous leurs contours, dans toutes leurs nuances, qu'après réflexion et à une heure assez avancée des soirées qui suivirent ces deux incidents parlementaires.

« N'y aurait-il pas un dommage évident à accepter une combinaison qui pourrait déshériter la rédaction définitive du *Moniteur* des soins prolongés fort avant dans la soirée qu'elle exige, surtout dans les séances importantes (1) ?

---

(1) Malgré l'attention que personnellement j'apportai à la rédaction du récit de la première de ces deux séances d'agitation, il m'échappa une expression dont le défaut de convenance me choqua le lendemain à la lecture du *Moniteur* : elle fût immédiatement rectifiée dans l'édition in-4o.

On peut se rappeler qu'à la suite du discours où fut dit le mot *catastrophe*, pour qualifier la révolution du 24 février, de nombreux Représentants de la Montagne, en proie à une extrême irritation, assaillirent les Ministres à leur banc et leur prodiguèrent des outrages, des injures, des menaces.

Après avoir posé les groupes agressifs, je crus qu'il importait à l'exactitude du tableau d'esquisser d'un trait rapide la position des Ministres, et j'écrivis : « Les Ministres demeurent à leurs places dans une attitude *digne* et ferme. » *Digne* n'était pas le mot du procès-verbal.

Sans doute le *Moniteur* doit fournir à l'histoire tous les incidents qui concourent à l'ensemble et souvent à l'intelligence oratoire du drame parlementaire ; mais il comprendrait mal sa mission, ou il serait au-dessous de ses exigences, le rédacteur sténographe qui, dans toutes

Réduction opérée sur la communication préalable des feuillets du Moniteur.

« Les feuillets du *Moniteur* pourraient sans doute, au fur et à mesure de leur confection, servir à rédiger un compte-rendu analytique. Nous ne devons pas dissimuler qu'avant le contrôle des réviseurs-sténographes, les feuillets ne méritent pas une entière confiance ; ils pourraient induire en de grossières erreurs.

« Leur livraison aux analystes ne pourrait donc avoir lieu qu'après révision sténographique, c'est-à-dire que ceux-ci ne pourraient commencer leur travail sur le discours d'un orateur qu'une heure environ après le moment où ce discours a été prononcé.

« Cette communication, dans les deux hypothèses, causerait au *Moniteur* des retards préjudiciables à la con-

les expressions vives, hardies, colorées, pittoresques, nécessaires à la vérité de son récit, ne saurait pas sûrement, résolument éviter celles qui pourraient implicitement contenir, faire pressentir même l'appréciation, le jugement du narrateur, du greffier officiel. Ainsi, dans le cas spécial, le *Moniteur* devait dire « une attitude *calme*, » laissant à l'écrivain politique, à l'historien, à trouver, dans son indépendance, le mot *moral* d'approbation ou de blâme à l'aide duquel il croirait devoir qualifier l'immobilité *physique* des Ministres, constatée seule par le procès-verbal sténographique.

Si je me suis étendu sur ce détail accusateur, c'est qu'il peut donner aux membres de la Commission qui n'ont pas regardé de près à la sténographie officielle, une idée des difficultés dont elle est hérissée, et des hésitations continuelles auxquelles elle condamne ceux qui en acceptent la responsabilité. La vapeur et la mécanique sont-elles bien de mise dans une œuvre qui exige ce tact, cette délicatesse de goût et de sentiment ?

fection rapide des épreuves mises *officieusement* à la disposition des journaux, indépendamment des confusions, des pertes, des altérations de feuillets, occasionnées par les diverses haltes qu'ils feraient avant d'arriver à l'imprimerie.

« La rédaction analytique serait, dans ce cas, imprimée ou autographiée comme il va être expliqué dans la suite de ce travail.

Observation commune aux deux solutions absolues entées sur le Moniteur.

« La nécessité de conserver à l'entreprise du compterendu des journaux un caractère privé, est une des raisons politiques, si l'on peut parler ainsi, pour lesquelles il serait bon de n'adopter aucune des solutions prenant leur base dans le concours plus ou moins direct de la sténographie officielle. Mais il est une consideratio pratique qui nous touche davantage, c'est que les exigences de rapidité imposées par les journaux à grand tirage, seraient rarement conciliables avec les exigences bien autrement intéressantes du compte-rendu officiel du *Moniteur*, monument unique dans le monde politique, admiré et imité avec plus ou moins de bonheur dans toute l'Europe constitutionnelle.

SOLUTIONS INDÉPENDANTES DU MONITEUR.

1° *Compte-rendu réduit ; version libre.*

« Pour échapper aux inconvénients exposés plus haut au lieu de travailler sur les feuillets du *Moniteur*, douz rédacteurs-sténographes ou analystes, exercés à l'art du compte-rendu, pourraient, en divisant la séance par quart-d'heure, à la manière des *reporters* anglais, prendre des notes qu'ils iraient successivement transcrire dans un local voisin du lieu des séances.

« Il serait nécessaire, toutefois, de subdiviser la dernière heure en fractions plus minimes, afin d'accélérer la remise des derniers feuillets.

« Ces douze rédacteurs seraient conduits, conseillés, surveillés, révisés par deux ou trois chefs d'une habileté reconnue, qui se diviseraient la séance et accepteraient la responsabilité de tout ou partie de l'œuvre collective.

« Si la Commission croyait à l'utilité d'une rédaction une pour tous les journaux, il suffirait de l'organisation d'une seule *bande* sténographique dont le compte-rendu, transcrit sur papier autographique, fournirait quart-d'heure par quart-d'heure le tirage nécessaire à l'alimentation de la presse quotidienne. Mais, à vrai dire, la version unique soulèvera des répugnances de la part des feuilles de toutes les opinions, et mieux encore des objections graves, capitales, faciles à pressentir, et que ne manqueront pas de développer, devant la Commission, les parties intéressées, les rédacteurs en chef ou gérants des journaux.

2º *Supplément imprimé obligatoire ou facultatif.*

« Dans le cas où l'idée de l'unité de compte-rendu serait acceptée, se présente comme corollaire celle d'un compte-rendu imprimé obligatoire ou facultatif.

« Peut-on, doit-on, veut-on imposer aux journaux un supplément imprimé qui leur serait délivré gratuitement ou à un prix très-réduit, renfermant le compte-rendu de la séance, exécuté par les moyens qui viennent d'être exposés? Cette solution soulève des difficultés politiques et de droit qu'il ne nous convient pas d'aborder. Nous nous bornerons à dire que, dans cette combinaison, les journaux devraient, ce nous semble, conserver le droit d'avoir un compte-rendu spécial qu'ils mettraient, s'ils le jugeaient convenable, et à leurs risques et périls, en regard de celui qu'ils recevraient en supplément ; mais, en fait, je ne doute pas que vaincus dans cette lutte, et jaloux d'opérer une économie, les journaux ne tarderaient pas à abandonner la partie, sauf à exhaler de temps en temps leur mauvaise humeur contre certains détails du compte-rendu annexé (1).

« Inutile de répéter que les instructions données a chef de l'entreprise privée et à ses principaux agent d'exécution devraient se distinguer par leur esprit de loyauté et d'indépendance.

« Dans cette hypothèse, le travail serait, minute pa minute, livré à la composition ; les réviseurs y mettraien leur cachet définitif le plus vite possible, au fur et mesure, afin que, toutes corrections faites, le tirage pût commencer sur une double, une triple ou une quadruple composition, deux heures au plus tard après la

---

(1) Il ne faut pas oublier que cette note a été écrite et imprimée avant le 2 décembre, sous le régime d'une liberté à peu près absolue de presse. La question a été tranchée depuis d'autorité, dans le sens de l proposition, par la Constitution impériale.

séance. Nous ne pensons pas que l'imprimerie qui, en Angleterre et chez nous, a opéré tant de merveilles, fût arrêtée par la nécessité de faire même un tirage de 2 ou 300 mille exemplaires, dont une partie devrait être livrée dans la nuit et l'autre avant midi, afin de permettre aux journaux de servir Paris et la province.

3° *Création d'un journal parlementaire du soir.*

« La création d'un journal du soir, plus particulièrement consacré à la publicité parlementaire, pourrait exercer une heureuse influence sur la rédaction des comptes-rendus destinés à paraître dans les journaux du matin. L'expérience en a été faite avec quelque succès, par le *Messager des Chambres,* fondé en 1828, sous le ministère Martignac.

« Cette rédaction, confiée à huit ou dix personnes, serait organisée, sauf quelques modifications, comme celle du supplément *obligatoire* ou *facultatif* dont nous avons parlé ci-dessus.

« Il serait seulement à craindre que la subvention nécessaire à l'existence de cette feuille parlementaire ne donnât à son texte, forcément incomplet, un caractère *semi-officiel* que l'on opposerait quelquefois, sur des points délicats, à la version *officielle* du *Moniteur.*

« La même objection, et elle est sérieuse, atteint toute entreprise soutenue ou encouragée par les deniers publics.

4° *Association.*— *Liberté d'action.*

« Si la Commission craint de toucher par ses prescriptions aux principes ou aux usages consacrés, elle pourrait se borner à encourager la formation de bandes sténographiques. Trois ou quatre suffiraient au service général de la presse de toutes les nuances; chacune d'elles aurait dans les chefs de ces divers services des éditeurs responsables.

« Suivant les convenances et les besoins des journaux de tout format, associés ou abonnés (1), la rédaction serait ou imprimée (2) directement en sortant des mains des sténographes, ou seulement autographiée (3). S'il convenait ensuite à chacun des journaux abonnés d'étendre ou de réduire la version commune, pour la mettre en rapport avec les besoins, les goûts de ses lecteurs ou l'étendue variable des autres matières destinées au numéro du jour, la modification serait possible, moyennant un éditeur spécial, responsable des changements apportés à la rédaction primitive fournie par l'association.

« Ce système se combine, de même que le *journal parlementaire du soir*, avec la livraison des épreuves plus ou moins complètes du *Moniteur*, dans le courant de la soirée. Cette communication, qui sera toujours faite dans l'esprit le plus libéral et le plus sympathique à la presse, conserve son intérêt pour toutes les feuilles

(1) Les bandes sténographiques auraient une existence indépendante, et traiteraient par abonnement avec les journaux; ou elles pourraient au contraire être formées par une association des journaux qui en ferait les frais.

(2) La copie pourrait être divisée : la première partie serait imprimée à un journal; la deuxième partie à un autre; la troisième, etc..., et par un échange final d'épreuves chacun se compléterait.

(3) Une presse à main de la plus faible dimension suffirait au service des journaux associés. Chaque 1/2 heure, ils recevraient un envoi.

dont la mise en page peut avoir lieu à une heure avancée de la soirée, sans préjudice pour les besoins du tirage.

Signature du compte-rendu.

Nous venons de parler d'éditeur responsable. Là, indépendamment des procédés divers d'exécution que nous avons essayé de formuler, se trouvera peut-être le moyen préventif dont l'application, à la fois facile et efficace, pourra remédier, en partie, aux inconvénients et aux excès de l'état actuel des choses. Cette solution échappe aux objections qui atteignent toutes les combinaisons qui, d'une façon directe ou indirecte, rattachent les pouvoirs publics à une reproduction incomplète, choisie, dès lors *essentiellement, inévitablement* entachée de *partialité* dans ses résultats.

S'il est incontestable, ainsi que nous le disions au début, que tout compte-rendu analytique implique, de la part de son auteur, choix, préférence, appréciation, pourquoi ce travail n'engagerait-il pas, comme les autres parties de la rédaction d'un journal, la responsabilité de celui qui s'inspirerait, en le faisant, de passions excessives ou coupables? Le compte-rendu étant un véritable article politique, ne saurait, à aucun titre, jouir, par exception, du privilège de l'impunité, en se plaçant sous la couverture du gérant responsable, par suite d'une fiction légalement détruite pour le reste de la rédaction.

La société n'est pas désarmée contre cette nature de délits. La loi de 1822, sur le compte-rendu infidèle et de mauvaise foi, les atteint d'une manière sérieuse et efficace. La mauvaise foi, en pareille matière, est sans doute plus difficile à établir ; ses résultats peuvent être imputés à l'impéritie, à l'inattention, à l'erreur ; mais en présence du texte officiel du *Moniteur*, et en tenant comme de raison, compte des nécessités de la rédaction analytique, les magistrats sauront bien distinguer et punir la mauvaise foi et l'infidélité.

La responsabilité effective des auteurs des analyses parlementaires aura pour effet d'élever leur mission à leurs propres yeux ; autant par prudence que par respect d'eux-mêmes, ils s'éloigneront du mauvais esprit dont les excès ont provoqué la proposition nouvelle. Bientôt tous nos *reporters* se modèleront sur leurs confrères d'Angleterre, et, disons-le à l'honneur de notre profession, sur plusieurs de leurs camarades qui depuis longtemps ont su, avec talent et honnêteté, concilier les exigences de tout compte-rendu avec celles des opinions particulières au triomphe desquelles leur journal est plus particulièrement voué.

Les gérants et propriétaires de journaux, qui paraissent avoir négligé, dédaigné peut-être cette portion si importante de leur publicité, sont dès à présent avertis, par l'intérêt même qui s'attache aux questions soulevées par la proposition relative à l'amélioration des comptes-rendus, qu'ils doivent apporter au choix de leurs collaborateurs parlementaires la plus grande sévérité. Ils se rappelleront que des hommes dont il suffit de citer les noms y ont fait leurs premières armes : MM. Viennet, Jay, Darmaing, Chambolle, Boilay,

Lubis, Blanqui aîné, Denis Lagarde, etc., etc., et qu'on ne saurait confier une œuvre aussi délicate qu'à des hommes parfaitement instruits et honorables.

Extension de la publicité du Moniteur universel. — Bulletin parlementaire.

Plusieurs membres du parlement ont, à diverses époques, exprimé le désir de voir s'étendre la publicité du *Moniteur*, et les Assemblées ont paru s'associer aux espérances que les auteurs de ces propositions fondaient sur leur succès. Mais l'idée est toujours venue échouer devant la considération des sacrifices qu'entraînerait sa réalisation ; et, par une contradiction digne de remarque, dans une des dernières discussions du budget, l'Assemblée a refusé l'allocation de quelques mille francs qui lui étaient demandés pour étendre la distribution du journal officiel aux sous-préfets (1).

A vrai dire, sans méconnaître la nécessité de mettre le *Moniteur* à la portée des hommes laborieux, qui trouvent seulement dans le journal officiel l'ensemble des documents nécessaires à leur éducation politique, on ne saurait se dissimuler que ce n'est pas là que la classe la plus nombreuse et même la partie moyenne des lecteurs peut s'instruire de ce qui l'intéresse dans les débats du parlement. Le *Moniteur* se consulte, mais ne se lit guère quotidiennement tout d'une tire ; sa ré-

(1) Si nous sommes bien informé, l'éditeur du *Moniteur* avait, pour seconder les vues du Ministre de l'intérieur, consenti pourtant, sur cet abonnement, une réduction considérable de prix.

daction est trop étendue. Un bulletin hebdomadaire, présentant en substance les discussions d'affaires de l'Assemblée, et reproduisant, avec le plus d'impartialité possible, les discussions passionnées de la politique, atteindrait mieux le but. La *Semaine parlementaire* ne devrait pas dépasser une feuille.

Cette dernière création n'exclurait pas l'extension de l'envoi du *Moniteur* à l'usage des hommes qui se préparent à la vie politique.

<h3 style="text-align:center">RÉSUMÉ.</h3>

Les difficultés principales, les seules réelles et sérieuses, soulevées par la proposition, sont politiques ou de droit : le chef de la sténographie officielle de l'Assemblée a dû se borner à les signaler.

Si la Commission croit pouvoir réglementer le compte-rendu des journaux et opposer à la liberté absolue corrigée par la *responsabilité* des signataires, une rédaction qu'elle jugera digne de ses encouragements, elle aura à choisir soit l'un des moyens d'exécution exposés sommairement dans cette note, soit telle autre combinaison spécialement accommodée aux besoins de la solution politique préalable qu'elle aura donnée elle-même aux questions capitales soulevées par la proposition. Nous sommes à ses ordres, si elle croit, à ce moment, devoir faire appel à notre expérience des choses et des hommes de la presse.

Mais, au nom des progrès de la sténographie officielle, nous supplions la Commission de repousser tout

ALPHABET STÉNOGRAPHIQUE.

INITIALES.

PARADIGME.
De la manière de joindre les caractères entr'eux.

FINALES ET MONOSYLLABES.

SIMPLES

COMPOSÉES

DIVERSES.

Finales-initiales.

Finales-analogues.

Finales-arbitraires.

MODÈLES DE TRADUCTION.
d'après les règles des 3 premières parties.

1er Exemple.

2e Exemple.

3e Exemple.

MÊMES MODÈLES
d'après toutes les règles et tous les moyens de la §.

1er Exemple.

système qui prendrait son appui *unique et absolu* sur le *Moniteur*, et, en exagérant les conditions mécaniques de cette œuvre difficile, la déshériterait, à son grand dommage, du bénéfice du temps et de la réflexion, nécessaires à sa plus grande perfection.

HIPPOLYTE PRÉVOST,

Chef du service sténographique de l'Assemblée Nationale, et précédemment chef du même service à la Chambre des Pairs.

FIN.

EXEMPLES.

1re Partie.

1 Mœur, réunion
2 Route, rude, route, confient
3 Vente, plinth, trente, plaint
4 Centre, entre, contre, remplissant
5 Terre, train, creuser, resquissant
6 Mordore, temple
7 Spectacle, spectre
8 S'absenter, l'absent
9 Estimable, estimable
10 Sensible, divisible
11 Solide, consulte
12 Offre, livre, souffrir
13 Homage, heritage
14 Mathematique, chronique, physique
15 Commencent, recommandant
16 Compromet, deguerpissant, chroniquement
17 Systematiquement, suspendre
18 Facticement, licitant, resistant
19 L'acide, impetuosité
20 Le sang de la fleur, à la cuite

2e Partie

1 Entendre, transcripant
2 Entendre, semblable
3 Géant, transpose, neige
4 Leur, ardent, hardie, harmoniquement

Abreuver, idée

2 Doux, intro, violence
3 Perimetre, petillant, plaisant
4 Galactique, fleur, actere, element,
   germent, permettre, carene
5 Calme, fermement, l'ombre
6 L'onde, marchant, salitude
7 Monolope, ravage, custode,
   soliloque, harponnant, gauche

3e Partie

1 Rose, prefixe, suffixe, sargonie, abuscabilité
2 Annonsale, adverse, tempere
3 Lithotriphie, routines, averses, avoues
4 Trouble, repose, robuste, enderes
5 Tordi, router, ubères
6 Partie, sacrifice, l'outre
7 Bon, rural, repousse, route
8 Trouble, general, graine, immuable
9 Hôtel, attirail, oreille, tumulte,
   rural, carneel, charrel, detruel
10 Civile, revolte
11 Inertie, imbecille, volatile
12 Hasard, numereux, recurrent, divorce caduque
13 Averse, revenue, convert
14 Livre, complexion, cyrus, myrrhe
15 Ordonnance, delivre, confiance, rentira

déterminer, flatteur, extrêmes

16 Preparation, confusion, exhibition,
   confession, electron, neutron
17 Persan, extraction, divination,
   fonction, comparaison
18 Main, pain, sein, matin, moeurs
19 Témoin, emplâtre, pointe, moindre
20 Géant, s'éteint, restreint, mâtinant
21 Santé, comité, diffamé
22 Baptêmes, extrayes, poison
23 Fortune, ordonnance
    hérisage, dimanche
24 Fixe, rixe, recense, ferraillons
25 Jambonnaire, déplorant, accomplies
26 Amabilité, simplicité, d'Eccire
27 Amèrement, prévoir, prémunié
28 Nativité, activité
29 Orthographe, chirographe, prolonge
30 Stéréographie, mélange
31 À, est, en, cet, ail, ail, lle, ort,
   air, heure, or, eure, ance,
   un, auteur, acteur
32 Pavé, paté, refrité, égousat,
   culbute, égouse, fait, cestue,
   orphi, oeuil, Abatille, flextille,
   fixille, fétal, fistille, monte,
   trompante, comparte, à envy.

d'arrive, flatte, encerail, moral,
   pensionant, conventionnel,
   fotin, fotin, venin, finin,
   pulsait, l'observais, rossé, commensale
   entroite, quoité, eclaussaise
   Nativité, baitaite, arvissernti

4e Partie.

1 Mombre, descendre, achat
2 Mande, monde, tendre, tendant
3 Trifese, turienne, tendre, vent pis
4 Bonnemère, travanbique
5 Contre, poétar, autres, active,
   faisance, caroumise, proteur, infinn
   meurtriers, chartreure, garirrede
6 Contre, rencontre, vent
   monte, content, content, contente
   convenis, meunier, contine, convoranti
   contraction, tentation, invention, tentation
7 Marseaux, content, ranque, braque, traoux,
   vrainee, pretres, riruane, entrer, marcenalite
   artron, quitera Grace, l'entrader
8 L'occupation, enseignant, vaisine
   recommancion, recuissement
9 Contrôle, portatique, complaire
   complaisant, recombant, contemplant
10 Puce, comparant, fruté, récolté
    récolté, comparté, transporté

flottant, arbrité, envisité.

11 Rappresenté, fonctionale,
   devralait, envalait, renvalait
12 Provisionnaire, fonctionnaire
   Application
13 J'ai vu, j'ai osé
   fumeul voi, je voile suce
   les bancs de la justice
   les droits de l'Asie
   las droits de l'Asie
   ma fiancé, ou travel
   un remaccommand avert
   j'aurais vu et voil
   qu'aurais-je chosé.
   le point d'interrogation
   le point d'exclamation
   las guillemets
   le changement d'interlocuteur. n.
14 Nin.un. 2, dru.un. 30° + 140° 6
   2.100.000. 24, 600.un. 30° + 140° 6
15 Voltaire, Richard, Arrivel
   Ménélope, Minadel.

Pendant, cependant; hier.
beaucoup, par conséquent;
plus, moins, devant; scrément;
trop, plus ou moins;
...

5ᵉ Partie.

Signes doubles-consonnantes.

EXEMPLES.

ABRÉVIATIONS NOUVELLES.

Abréviations Adjectiles.

Abréviations diverses.

Début, ale	
Public, que	
Publique	
Actuel, elle	
Civil, ile	
Militaire	
Agricole	
Maritime	
Absolu	
À peu près	
Afin	
Enfin	
Mondial	
Meilleure	
Au commencement	

Conseil général	
Conseil général	
Chemin de fer	
Appréciera	
Précisera	
Article	

De moins en moins	
Sans doute	
Tout à l'heure	
Important	
Véritable	
Intérieur	
Inférieur	
Extérieur	
L'Intérieur	
Supérieur	
D'abord	
Rebus	

Besoin	
Appel	
Avertira	
Prendre	
Comprendre	
Entreprendre	
Capital	
Colossal	
Considération	
Considérable	
Plus ou moins considérable	
Examiner, existera	

Pouvoir	
Difficile	
Détail	
Proposition	
Proportion	
Différent	
Expérience	
En d'autres termes	
Gouvernement	
Faculté	
Nouvelle	
Constitution	
Consommation	
Communication	

Industrie	
Industriel	
Individu	
Individuel	
Il n'en est pas ainsi	
Juge d'instruction	
Liberté	
L'honneur	

Matière	
Maximum	
Satisfaction	
Protester	

Résultat	
Rapport	
Rapporteur	
Religion	
Respecter	
Sous ce rapport	
Sous tous les rapports	
Supérieur	
Suspendre	
Société	
Vint le monde &c. &c.	

Application de la 5ᵉ partie.

DEUXIÈME PARTIE.

TROISIÈME PARTIE.

QUATRIÈME PARTIE.

TABLE DES MATIÈRES.

———

CINQUIÈME PARTIE.

SIXIÈME PARTIE.

APPENDICE.

CURIOSITÉS HISTORIQUES.

BAR-SUR-SEINE. — IMP. DE SAILLARD.

www.ingramcontent.com/pod-product-compliance
Lightning Source LLC
Chambersburg PA
CBHW071228290326
41931CB00037B/2439